大学语文教学改革与创新实践

张映梅 ◎ 著

中国书籍出版社
China Book Press

图书在版编目（CIP）数据

大学语文教学改革与创新实践 / 张映梅著 . -- 北京：中国书籍出版社, 2024.5

ISBN 978-7-5068-9867-6

Ⅰ.①大… Ⅱ.①张… Ⅲ.①大学语文课—教学改革—研究 Ⅳ.① H193

中国国家版本馆 CIP 数据核字（2024）第 093271 号

大学语文教学改革与创新实践

张映梅　著

图书策划	成晓春
责任编辑	毕　磊
封面设计	守正文化
责任印制	孙马飞　马　芝
出版发行	中国书籍出版社
地　　址	北京市丰台区三路居路 97 号（邮编：100073）
电　　话	（010）52257143（总编室）（010）52257140（发行部）
电子邮箱	eo@chinabp.com.cn
经　　销	全国新华书店
印　　刷	天津和萱印刷有限公司
开　　本	710 毫米 ×1000 毫米　1/16
字　　数	200 千字
印　　张	11.5
版　　次	2025 年 5 月第 1 版
印　　次	2025 年 5 月第 1 次印刷
书　　号	ISBN 978-7-5068-9867-6
定　　价	78.00 元

版权所有　翻印必究

前　言

　　大学语文是高校针对非中文专业学生开设的一门综合性的素质教育课程。在目前高校非中文专业开设的课程中，这一课程承担着培育学生人文素养的重要职能。该课程的教学价值除提高大学生运用语言文字的能力之外，更重要的是通过对中国优秀文学作品的教学，促进学生继承和弘扬中华民族优秀的传统文化精神，发挥新时代中国特色社会主义思想铸魂育人的作用，丰富其精神世界，提升其人文素养，增强其文化自信和民族自信，进而达到"立德树人"的教育目的。

　　大学语文因其学科本身的工具性、人文性和综合性特征，铸就了它有别于其他学科的丰富内涵与深厚情怀。人们工作、学习、生活的任何内容都与语文息息相关。通过语文的学习，尤其是大学语文的学习，不仅能提升学生的思维力与创造力，还能增强学生的文学鉴赏力与审美力，同时，语言运用能力的提升会使学生的精神世界更加丰富，情商更高，人格更完善，其作用不可低估。但是，在实际教学过程中，大学语文教育教学却面临着严峻挑战。课程建设滞后、课时安排短缺、师资力量薄弱、教学手段单一、教学方法陈旧、师生兴趣不高等问题依然存在，有的高校甚至砍掉了大学语文课程。面对新时代素质教育的要求和高校人才培养模式改革以及课程思政的需求，如何更加科学有效地推进大学语文教育改革，创新语文教学内容、方法和模式等，是一项值得不断探索且十分有意义的教育创新工程。

　　在内容上，本书共分为五个章节，第一章为大学语文教育概述，依次分析了大学语文教育的性质与特点、大学语文教育的地位与功能、大学语文教育的任务与教学目标、大学语文教学的基本原则与相关理论；第二章为大学语文课程探析，对大学语文课程的定位、大学语文课程建设现状、大学语文课程价值及实现、大学语文课程与互联网整合四个部分作出论述；第三章为大学语文教学改革策略，依次对构建大语文教学理念、融入中国传统文化教育、构建跨学科课程内容、革新教学评价机制四部分作出论述；第四章为大学语文教学创新路径，分为五个部分：创新大学语文教学模式、打造创新型教师队伍、创新多样化教学方法、创造性组织语文实践活动、构建创新性教学环境；本书第五章为大学语文课程思政教学，主要对大学语文课程思政概述、大学语文课程思政教学中的问题、大学语文课程思政教学优化策略三部分内容作出阐述。

  在撰写本书的过程中，作者参考了大量的学术文献，得到了许多专家学者的帮助，在此表示真诚感谢。本书内容系统全面，论述条理清晰、深入浅出，但由于作者水平有限，书中难免有疏漏之处，希望广大同行及时指正。

2023 年 11 月

目 录

第一章 大学语文教育概述 ... 1
- 第一节 大学语文教育的性质与特点 ... 1
- 第二节 大学语文教育的地位与功能 ... 10
- 第三节 大学语文教育的任务与教学目标 ... 16
- 第四节 大学语文教学的基本原则与相关理论 ... 25

第二章 大学语文课程探析 ... 36
- 第一节 大学语文课程的定位 ... 36
- 第二节 大学语文课程建设现状 ... 45
- 第三节 大学语文课程价值及实现 ... 47
- 第四节 大学语文课程与互联网整合 ... 58

第三章 大学语文教学改革策略 ... 69
- 第一节 构建大语文教学理念 ... 69
- 第二节 融入中国传统文化教育 ... 75
- 第三节 构建跨学科课程内容 ... 86
- 第四节 革新教学评价机制 ... 92

第四章 大学语文教学创新路径 ... 99
- 第一节 创新大学语文教学模式 ... 99
- 第二节 打造创新型教师队伍 ... 111

第三节　创新多样化教学方法 127
　　第四节　创造性组织语文实践活动 139
　　第五节　构建创新性教学环境 150

第五章　大学语文课程思政教学 155
　　第一节　大学语文课程思政概述 155
　　第二节　大学语文课程思政教学中的问题 163
　　第三节　大学语文课程思政教学优化策略 168

参考文献 176

第一章 大学语文教育概述

本章主要从大学语文教育的性质与特点、大学语文教育的地位与功能、大学语文教育的任务与教学目标、大学语文教学的基本原则与相关理论等方面对大学语文教育进行阐述。

第一节 大学语文教育的性质与特点

一、大学语文教育的性质

语文这个词语可以分开来看,"语"指的是语言,而语言又包含口语表达和书面表达两部分;"文"指的是文字与文化。大学语文课程是一门具有工具性、人文性和综合性的基础课程,并且它的目的就是培养非中文专业学生的文化素质、完美人格、健康情怀、审美能力。

(一)工具性质

大学语文属于语言类课程。从语言与社会相互关系这个角度上来讲,语言是一种社会现象,斯大林曾论述:"从有社会存在的时候起,就有语言存在。语言是随着社会的产生而产生的,随着社会的发展而发展。语言也将是随着社会的死亡而死亡的。社会之外,无所谓语言。……语言是工具、武器,人们利用它来互相交际,交流思想,达到互相了解。"[1] 因此,人们交际与思维的发展离不开语言的支撑,同时语言没有高低之分,它会为社会上所有成员服务。语言实际上就是一种由音和义组成的符号系统,这是从语言自身的结构方面来说的。同时语言的社会性决定了它的本质,只有通过语言结构成分及其组合规则的运用,才能体现这

---

[1] 北京外国语学院俄语系语言学教研组.马克思主义经典作家论语言[M].北京:商务印书馆,1959.

——社会性。这就需要在语言习得中正确运用本民族的语言文字，从而将客观事物反映出来，达到能表达情意、传承文化和信息交流的目的。

叶圣陶先生对语文教学进行了长期的研究与实践，指出语文学科的性质——语文是工具。首先，语文是思维的工具。语言是思想的直接体现，一个人所说出来的语言和写下来的语言都能映射出他内心所想，而这个思考的过程就是语言形成的过程。思维与语言是完全一致、密不可分的。思想只有是清晰、清楚的，其语言才是有条理的。由此可见，语言是工具，并且由口头语言和书面语言结合在一起形成的语文也是工具，关于这一事实古今中外都是认可的。其次，语文是一种交际工具。人类是社会的一个组成部分，每个人都是社会中互相联系的一环，没有人能够完全独立自主地生活。换句话说，人与人之间的交流是不可或缺的，而语言是交流过程中最常用，也最普遍的工具。因此学好语言是必要的，特别是对于国人来说，学好语言就是学好语文。叶老1953年在中国文学艺术工作者第二次代表大会上作了一个题为"语言和语言教育"的发言，他结合自己的体会指出："要是我的语言杂乱无章，人家决不会承认我的思想有条有理，因为语言杂乱无章正就是思想杂乱无章。"[①] 所以，从思想交流的实际来看，我们完全可以断言：思想交流就靠语言。

大学语文的基本目标是提高学生对语言这个工具的掌握和运用能力，从而更有效地思考和沟通。大学语文不仅是大学生学习其他学科、进行科研或创新实践不可或缺的工具，还是基础学科中最为关键的一门。如果没有熟练掌握语文，就无法为社会主义国家的建设作出贡献。语言的本质特性决定了大学语文课程的工具性，并且这一工具性也是语文区别于其他学科的最本质的属性，也是语文知识转化为语文应用能力的关键点。

（二）人文性质

人文性也就是人文精神，它能够体现出人类文化的根本精神，人文性主要关注的是人的价值与人生存的意义，是人类文明成果的思想内核。另外人文性的主要目的就是促进人的全面发展与自由发展，主要以追求真善美等价值理念为核心。大学语文的人文性是指汉语言文字中蕴含的民族独特性，以及如何在教学活动中运用这些文化来激发学生的思考和情感，从而培养学生健全的人格和完美的个性。

---

① 叶圣陶. 给教师的建议[M]. 北京：中国友谊出版公司，2019.

大学语文注重人文性，在大学语文中，"文"泛指文学和文化，包括了文学作品和文章。然而，仅仅讲文章或作品的表面意义是缺乏深度与技术含量的表现。文学要想将自身的内涵与根源体现出来，就需要与文化相结合，同时语文教学需要融入文化，才能提升课程的品质。因此，大学语文还应该涵盖除文学以外的领域，如历史、哲学、政治等相关的文化内容。

大学语文的教学对象是非中文专业的学生，这些学生所掌握的语言文学方面的知识较少，没有中文专业学生掌握得全面、有深度，因而，需要在整体上提升这些非中文专业学生的文学素养、文化修养和人格品质。因此，大学语文侧重于培养学生的文化素养，以及塑造学生崇高的人文精神和品格。教师在教学中要善于激发学生的学习兴趣，通过深入分析优秀作品和文章，让学生在愉悦的氛围中获得启示和熏陶，使他们能够自发地追求真、善、美等良好的价值观念。

通过语文教育能够促进学生学习汉语。汉语是我国的通用语言，同时也是中华民族互相沟通交流的重要工具，更是广大中国人进行思维活动的关键工具。中华民族文化是中华儿女的血脉，它支撑着中华民族不断向前发展，而大学语文正是传承了这一民族文化的课程。通过对大学语文的学习，不仅能够提高学生的语言表达能力和阅读能力，还能增添学生的民族认同感与自豪感，这也是大学语文课程开设的主要目的。大学语文通过展示中华民族深厚的文化底蕴和传达民族思想情感，有助于加强民族凝聚力。因此，语文不仅仅是一门学科教育，更是凝聚民族情感、传承文化积淀的重要媒介，还是民族文化的基石。每个国家都会开设以本国语言为中心的教育课程，如美国的英语课程、法国的法语课程以及蒙古国的蒙古语课程。在我国高等教育的环境下，大学语文课程展现了中华民族的文化特色，然而，大学教师与学生在教学过程中通常会忽略这种文化独特性。在当前大学语文逐渐失去关注的情况下，英语却备受重视。然而，作为中华优秀文化的代表之一，大学语文理应受到更多师生的重视。

大学语文既有工具性又有人文性，两者是并存与相互交融的关系。大学语文的工具性决定了语文的本质性，这也是大学语文与其他课程有所区别的重点；而大学语文的人文性，使得其能够与其他工具有所差别。换言之，大学语文的工具性与人文性是辩证统一的，即大学语文的工具性融合了人文性，而人文性又以工具性为载体存在其中。

（三）综合性质

学生在大学阶段主动进行语文课程知识的学习，并成为学习的主导者与实施者，使其知识面不断拓展，综合素养不断提升，这一过程能够体现出大学语文的综合性。语文学科中内容的多样化，使学习这一内容能够达到文化传承的目的，可以升华学生的精神文化。大学语文学科具有教育职能，教材内容包括文化、文学、哲学、历史、宗教等综合性内容，从文学的角度对大学语文教材进行分析，能够发现其中存在大量经典文学作品，使教材内容呈现出传统文化的精髓。由于中国古代的道家、儒家思想对文学有一定的影响，部分经典作品能够体现出儒家思想，进而学生在学习时，能够感受到天人合一境界，可以映射出大学语文教材的综合性。另外，由于传统思想文化在今天依然具有较为重要的意义，进而在大学阶段学习语文时，能够使学生接受传统文化的熏陶感染，提升自身语文综合能力。加之教师合理运用语文教材内容，结合历史文化的拓展引领，更能体现出大学语文综合性的优势。

由于中华传统文化将人生境界与审美境界联系起来，因此，文学作品能够传达出这一内容，大学生在进行语文学习时，能够感受到作品的魅力，发挥出作品的优势。教师在进行课程内容讲解时，将文学作品内容含义延伸到社会生活中，达到精神文化传承的目的，发挥语文教材综合性的作用。此外，教师在进行教学时，为了使学生进一步了解文本含义，会在讲解时引入实例，并创建相关的文学情景，以便加深学生的民族情感，帮助学生树立正确的人生方向，提高教学的有效性。大学语文具有不同的特性，并且语文教育的目的是育人，进而在进行教学设计时，需要统一课程内容的特性，并使用适当的方式进行教学，展现出语文课程综合性优势。

语文是一门综合性较强的学科，良好的文本分析能力能够提高其他课程的学习效率，这直接影响到其他课程的学习质量。人们生活、工作中都需要应用语文，大学生虽然在先前学习阶段接受了12年的语文教育，但为了推动学生进一步发展，为今后的工作奠定良好的基础，需要在大学阶段继续学习语文。例如历史上具有重大成就的科学家，不仅专业领域较优秀，还具有较强的文学鉴赏能力与良好的文字表达能力，以此保障其能够应用合适的语言来表达研究成果，从而体现出语文的综合性和重要性。另外，学生在进入社会工作时，需要用语言陈述自身观点，表达自己的不同见解，可以说在学习、工作、生活的方方面面语文知识都无处不在。一个能说会写的人无论在哪个行业都会受到重用，考察一个人的综合素质少不了必要的语文知识。部分教师在教学的过程中，为了提高学生的语文综合能力，在教学时将教学内容进行完善，并将其他知识内容与教材进行融合，进一步提高教学质量，体现出大学语文的综合性质。

二、大学语文教育的特点

（一）知识结构的整体性

大学语文课程之间的教学要点、内容等部分存在一定的联系，并形成了相对独立的体系，其包含了大量的知识内容，这一具有系统性的教材为大学语文教材。根据这一课程可以设计教案、课时，还能够将总体学习目标与阶段性目标联系起来，从而体现出大学语文的整体性特征。虽然大学语文教材具有不同版本，并且编者不同，教材结构划分、重点内容设计存在差异，但其知识结构整体性的特点是无法或缺的。例如：王步高版本的教材是按照文学史结构进行编写的，版本中的小说部分，将文本按照时代进行划分，学生在学习时能够了解不同时段文学的发展情况、写作风格，进一步提高了学习的有效性。而且，学生在自主学习小说类型的文章时，就能够自主分析文本写作风格、写作特点等内容，进而提高语文鉴赏能力。另外，大学语文教材为了体现知识结构整体性的特点，在对单元进行分类时，不同单元所体现的重点内容是不同的，教师在设计教学内容时，为了体现出知识结构整体性的特点，需要根据重点部分设计教学大纲，学生在自主学习时，也能够重点学习重要内容，发挥出大学语文整体性的优势。但部分教材在设计时，没有将各个类型的文本综合整理，甚至部分教材的爱国主义情怀不强烈，难以达到培养学生爱国主义情感的目的，这是有待完善的地方。

大学阶段的语文教学时间较为灵活，可以贯穿整个大学课程体系中，虽然学生具有一定的语文学习基础，但大部分学生对语文综合知识了解不深，为了提高教学的有效性，使教材知识结构具有整体性，大部分教材编写人员将课程内容按照结构类型进行分类，教师能够有针对性地进行课程讲解。例如：在学习散文时，教师会根据教材知识结构引导学生总结散文的特点、写作手法等内容，并引导学生自主创作，达到提高学生写作能力的目的，推动语文教学工作进一步发展，增强学生的综合能力。虽然运用这样的方法进行教学能够提高教学整体性，但部分教材中缺乏主题，课文之间的联系不强，教师在进行教学工作时，需要浪费较长时间整理教学内容，降低了备课效率，因此，教材的改进仍需加大力度以实现知识结构的整体性。

大学生在学习大学语文内容时，由于大多数学生为非文学专业学生，语文综合能力不高，在按照知识结构进行教学时，为了发挥出知识结构的优势，教师需要在教学之前对这一部分的整体结构进行分析，并为课程设定主题，使学生在教学中能够了解教学重点内容，进一步提高教学效率。另外，由于部分学生对古代文言文的学习兴趣不高，如果教材按照文学类型进行分类，会出现一段时间学生学习兴趣不高的问题。为了既避免这一问题发生，又使知识结构具有整体性，就需要在课程结构设计时，将文章类型进行穿插，使每单元中既有古代文又有现代文，进一步调动学生的学习积极性。在针对不同专业开设大学语文教学时，需要提高知识结构的整体性，并明确结构类型，根据学生的喜好进行设计，通过这样的方法设计教学内容，能够使学生转变对语文课程的态度，提高语文课程学习积极性，促进大学语文教学工作的进一步发展。

大学语文教学的主要目的是培养学生的创造性思维，在教学时，教师会引导学生积极思考，并鼓励学生自主学习，提高教学有效性。在教学过程中，教师可以设计开放性答案的问题，并引导学生进行讨论，进一步促进学生思维能力的发展。

（二）文选内容的经典性

大学语文的课程性质和学科定位，是大学语文课开设以来一直讨论的中心话题。在高校学科系统中的地位，学生知识构成中的作用等，成为大学语文教学的重要前提。大学语文的文选内容必须能够达到情感陶冶的目的，并发挥出其经典性。在大学语文课程内容中融入大量经典选文，不仅能够满足时代发展的需求，还能够体现出时代价值与社会意义，通过这一阶段的教育，大学生能够熟悉和掌握传统经典，实现素质教育的目标。并且大学阶段语文教学内容较为重要，能够推动学生进一步提高自身综合能力，但部分大学目前使用的教材为通用本，由于使用时间过长，其中内容大都为古代文学作品，虽然这些内容较为经典，但由于部分学生对语文学习兴致不高，教材内容难以满足学生个体学习需求，导致课堂与学生之间存在一定的距离感，降低了学生的学习兴趣。学生在学习中对小说类的作品较为感兴趣，为了提高教学的有效性，需要教师在引入经典作品的同时，还要融入现代优秀作品。例如：《一只特立独行的猪》比较受欢迎，并且其内容能够满足教学需求，为了使教学内容保持与时俱进的状态，可以将这一作品融入教学课程中，增加教学的趣味性，并提高教学效率。目前使用的大学语文教材中，陈洪本版教材中的古代文学比重较小，但其古文内容较为经典，能够满足学生的学习需求，进而不需要再增加这一类型的文本内容。中文专业学习的教材在设计时，侧重于语言基础内容，包含大量较为冷门的知识，具有较强的专业性。

在教学改革不断推进的背景下，大学语文教学为了能够进一步发展，在选择教材时对选文内容进行了分类整理，并按照学生的喜好选择教学内容。例如：在对具有时代感的内容进行整理时，需要先将内容按照经典性进行分类，并将国内外优秀的文学作品融入其中，提高大学语文教材的有效性，为教学工作提供依据。在整理教学内容时，教师可以先将教学内容进行分类，并更换部分文选内容。教材部分内容虽然具有经典性，但由于难度较高，无法为学生进行系统的知识讲解，为了改善这一现状，需要优化教学内容。例如：陈洪本版的大学语文教材内容分配较为合理，并且其中存在较多经典文学，如《秦腔》《语言的功能障碍》等，这些既具有优秀文化传承性又能提高学生模仿能力的优秀选文具有较强的感染力，进而在教学时能够提高教学有效性。

由于大学语文教材编写人不同，其编写思路、编写想法存在一定的差异，以及应用的选文经典性不同，发挥出的有效性也存在差异，例如：徐中玉版的教材内容注重提高学生能力，其中的内容开放性较强，学生能够应用这一教材提高自身语文综合素养；王步高版的教材在编写时添加了脚注，对部分较难的内容进行了整理，能提高学生的阅读效率，并且由于其对语文综合能力较为重视，进而在进行教材编写时，将不同类型、不同结构的文本引入其中，并且选择的文本内容较为经典，学生在教师的指导下，能够了解文本的内涵，进一步提高教学效率，使教材能够满足学生的学习需求。

由于大学生已经接受较长时间的语文教育，并已经形成了一定的文学素养，具备文章分析能力，但大学阶段语文教育的主要目的是进一步提高学生综合能力，为了能够进一步提高教学的有效性，需要教师在授课之前对教材内容进行整理，并删掉部分不够经典的文本，引入能够满足教学需求的文本，提高教学质量。另外，由于部分教师的语文综合能力不强，文学积累不足以丰富教材内容，为了改善这一现状，需要发挥语文教材的优势，需要教师共同努力提高自身语文水平，加强教学信息反馈，改进教学方法，推动教学工作进一步发展。

（三）人文精神的隐含性

大学教育具有人文素质教育的责任，进行人文教育能够使学生了解人生的价值与自由意识，我国人文教育在发展中经历了化民成俗、转识成智的过程，并不断丰富人文精神，进而大学语文教学达到了培养健全人格的目的。例如：大学语文《八声甘州》这一课程中，虽然高中语文中包含了这一课程，但大学教学中对借事抒情进行了深层次的讲解，表现出了课程中的隐含性。大学语文教材对教学质量有一定的影响，但由于部分教师对课程人文性的重视程度不高，导致课程中存在古文过多、课文含义分析不深刻的问题。为了解决这些问题，就需要发挥出课文人文精神的影响力，以及在备课时了解课文的含义，并设计教学内容。例如：为了达到提高教材整体质量，及提高学生学习兴趣的目的，需要对诗词、散文、戏曲中的人文性进行分析，并进行分类整理，使学生能够在学习中提高语文综合能力，发挥出大学语文课程的有效性。为了提高教材内容的人文精神，需要在设计时引入大量的古代文学作品。大学语文课程具有基础性的特点，大学阶段需要学习这一课程的学生为理科生，其对于中国历史文化了解不足，进而在教学时，存在难以提高学习兴趣的问题，为了应对这一问题，可以在教材中增加科技说明文，将形象思维与抽象思维有机结合，让学生提高对其他领域的了解程度，进一步提高学生的学习兴趣。

大学语文课程能够帮助学生了解社会，因此在设计课程内容时需要选择贴近生活实际的内容，使教学具有一定的时代感。例如：教师可以在设计教案时，将生活中的人文精神实例与文本联系起来，并按照学生的个性爱好选择篇幅小、内容精练的文章，在教学时教师加以引导，使学生感受人文精神中的隐含性，增强大学语文教育的意义。在网络快速发展的今天，网络作品质量不断提高，学生对其关注度较高，为了提高学生对课堂的关注度，可以在设计教学内容时适当将网络作品融入其中，引导学生分析作品优劣，提高学生对作品人文精神的了解程度，促进学生进一步提高语文综合能力。另外，应用这一方法设计教学内容能够引导学生关注社会生活，并产生一定的感悟，从而达到大学语文教学的目的。

大学语文教材在编写时存在一定的重复问题，并且部分课程内容与学生的实际学习能力不符，导致教学工作缺乏有效性，例如：部分大学语文教材中包含《锦瑟》《八声甘州》等内容，这些内容学生在高中阶段已经进行了学习。另外，由于部分教师在授课时引用的文章比较类似，导致教学工作有效性不高，为了改善这一现状，需要教师日常多收集优秀文章，并在备课时引用较新的文献内容，进一步提高教学有效性。高校在选择语文教材时，需要先对学生的语文实际学习情况进行分析，并选择能够满足学生学习需求的内容，扩大应用范文的范围、类型，将教材中与高中内容相同的文章进行删减，在提高教学效率的同时进一步提高教学质量。

（四）表达方式的审美性

大学语文教材将语言文学、文化知识进行整理，包含一定的思想文化内涵，并且大学语文课程为传播知识的载体，其结构本身与人的审美相符合，使学生能够进行情感交流。语言是人类沟通的重要工具，能够将自身的想法进行传达表述，随着中华历史的不断发展，语文课程内容也在不断完善，无论诗歌、散文、小说、戏曲，还是叙事论理、写景抒情，都不乏美文美句，对大学生健全人格的塑造起到直接的影响。并且由于大学语文的教学对象为非中文专业的学生，虽然其对教材难度需求不高，但需要更进一步提高自身总体的文化素养，为其他科目的学习理解做准备。教师在教学的过程中，需要提高引导力度，使学生能够通过学习优秀作品，提高课文审美感悟能力，并得到熏陶，促进大学语文教学工作的完善。

语文教育是学习祖国语言的方式，这一行为具有人际交往、文化传承的意义，大学语文教育将中华5000年的历史进行了汇总，学生在学习时，不仅能够提高语言运用能力，还能够了解语言表达的审美性，以及提升民族认同感。每个国家在开展教育工作时，都将本国语言放在重要位置，使学生能够在学习时，进一步提高语言表达中的审美能力。但随着我国国际竞争力的不断提高，人们对语文教育的重视程度不断降低，甚至部分大学中的语文科目被边缘化，大学语文作为弘扬中华文化的重要途径，需要得到大众的重视。

大学语文教材内容包括诗歌、散文、小说等形式，不同形式的文本语言表达形式存在差异。在教学中，由于大学阶段的学生受过语文教育，其理解能力、学习能力较强，在教学时教师只需要根据美的规律对学生进行引导，学生就能够对课文表达方式中的美进行分析，获得一定的美的享受，并逐步形成正确的语文审美取向，以此达到培养全面人才的目的。另外，由于大学开展语文教学的目的之一为培养学生的审美能力，进而在大学课程教育时，教师需要引导学生把控审美标准，帮助学生形成心灵美、高尚美的分析能力。

在科技不断发展的背景下，为了提高大学生对语文学科的重视程度，需要在教学时引导学生关注社会，思考语文学习的意义。另外，在进行教学时，为了提高学生的综合能力，需要在教学时巩固其语文知识，并带领学生进行语文知识练习，使学生能够主动学习语文表达方式。在进行教学时，为了提高有效性，教师可以将现代科技与语文课程内容相结合，以具有趣味性的方式进行教学活动，以此达到大学语文教育的目的。

第二节　大学语文教育的地位与功能

一、大学语文教育的地位分析

"大学语文"既不是中学语文的"补课"课程，也不是一个可有可无的课程。就目前的情况来看，大学语文课程在高校中的地位仍处于边缘化状态。

当前，人们逐渐认识到大学语文的重要性，并且展开了很多关于大学语文定位的研究，甚至有的学者还在研究中提出大学语文是高等教育的核心体系。虽然关于大学语文的研究有很多，但其在现实生活中的地位并没有在理论中提出的地位高。现实生活中高校并没有十分重视大学语文课程的发展，即便有部分高校开设了这一课程，但由于开设的质量较低，人们逐渐淡忘了这一课程的重要性。造成这一现象的主要原因就是人们比较重视信息技术和实用性较强的科学，随着这一趋势的变化，高校为了能够适应时代发展的潮流、符合市场的需求，开始缩减语文等基础性学科的教学课时，增加那些实用性和技术性较强学科的教学课时。对于理工科的学生来说，由于专业课的学业任务较重，学生都将主要精力放在专业课的学习上，而忽视了语文课程的学习，并且由于语文课程的枯燥，学生逐渐对其失去了学习兴趣，这使得大学语文课程的发展十分困难。长此以往，人们的语文水平会逐渐下降。从人们生活、工作和学习的各个方面来看，语文的地位是十分重要的，因此人们应当重视语文素养和能力的发展。

如今，素质教育的发展是人们普遍关注并十分重视的课题，但大学语文的发展却没有达到人们所重视的程度。大学语文在高校中的发展十分受限，不仅教学课时受到严重压缩，其教学质量也处于低水平。针对这一现象，我们应该重新审视大学语文在高等教育中的地位。在全球范围内，许多国家都将母语教育列为重点课程，旨在提高学生的语言运用能力并培养其人文素养。我们国家的大学语文课程应该与国际发展趋势保持同步。因此，大学语文课程不应被边缘化，它应该是高校基础理论课程的核心，是人文素质教育的重要组成部分。

二、大学语文教育的功能分析

（一）寻找真实自我

"真实自我"包括的内容主要有四方面，分别是：与自己、与他人、与社会、与自然的关系。大学语文课程的功能有很多，其中之一就是探究并分析自己在社会中所处的地位，与他人相处过程中的思想状态、存在于自然与社会中的精神与心理。

与自己。人们对于当今时代的思考，认为这是一个无信仰的时代，虽然这句话有些偏激，但现实中确实存在信仰缺失。一个人的生活如果没有信仰的支撑，那他的生活将会是毫无目标、毫无头绪的。自从改革开放以来，我国的发展十分迅速，并且人们的物质财富也在不断增加。随着人们生活水平的提高，思想意识与创新思维的发展也逐渐受到人们的重视。同时社会上也出现了各种如贪图安逸、享乐主义、拜金主义、利己主义等主义，并且影响着人们的生活。在这种充满各种拜金、享乐、利己的主义社会中，人们会逐渐失去自我、认识不到自己的价值。而加强对人们的人文培养，可能会将人们拉回正确的发展道路。

与他人。当前学生普遍表现出强烈的"独立性"，希望摆脱父母和教师的控制。这就导致他们更愿意在虚拟世界中分享内心感受，而不愿与父母、教师深入沟通。在这种情况下，我们不能强行改变，只能借助引导的方式，让学生们自行领悟。在大学语文课程中，可以挑选很多关于"亲情""爱情"和"友情"的文章，通过学习这些作品可以有效地引导学生的思维、意识，甚至行为。举例来说，安徽大学马方正编纂的大学语文教材中就包含了很多涉及"情感"主题的文章。既有冯延巳《长相思·红满枝》中"梦见虽多相见稀，相逢知几时"的人，也有戴望舒《雨巷》中不停吟唱着的"一个丁香一样的结着愁怨的姑娘"。还有田野的作品《离合悲欢的三天》，我们深刻地领略到作者对于配偶、子女、家庭和国家的深深眷念。当"妻忽然把手伸出：'也给我一支吧……'"的时候，作者与妻的眼睛湿润了，而我们读者的眼睛也一定是湿润的。

与社会。只有融入社会，人们才能认识自我，感知自己的存在和重要性。正如马克思所指出的那样，人类的社会性是其根本属性。大学生需要应对学校内外两种不同的"社会环境"。这两个环境的管理方法有很大不同，它们的运行方式也有很大差异。许多学生在应对学校环境时表现得非常得心应手，然而一旦他们毕业踏入社会，却发现很难在社会中站稳脚跟。而这种极大的落差不仅会让学生感到不适，甚至还会让学生走入极端。因此，需要培养学生在社会中必须具备的基本素质来应对这种问题。

与自然。党的十六届四中全会上提出了"构建社会主义和谐社会"的概念，人与自然的和谐相处是其中的应有之义。从古至今，我们与自然的关系经历了"崇拜畏惧—人定胜天—尊重和谐"的过程，每一次进步都是跨越式的，都集中体现了人类的文明程度。我们应该清楚地认识到，我们是自然界中的一分子，我们与天地万物是融为一体的。因此，正确认识人与自然的关系，能够帮助我们开阔视角，升华我们的人文内涵。

（二）培养健康心理

关于心理健康的定义，不同的学者有着不同的界定。麦灵格尔认为心理健康就是人们在适应环境与相互间的关系时，具有高效率的能力。同时他还认为真正的心理健康应该是具备效率、满足感、接受规范这三种状态。英格里士认为心理健康只是一种持续的心理情况。他认为心理健康要有良好的适应能力，并且能在这一基础上将自身的潜力充分挖掘出来。关于这两位学者对心理健康定义的阐述，最符合现代社会对健康心理要求的就是英格里士的"适应说"。在英格里士的定义下，现代心理健康的标准主要有以下几点：能够正确认识"自我"，对自己有着准确的评价；心理适应能力强；对于生活的态度，要脚踏实地，对于生活的目标，要实事求是；有着良好的人际关系，具有团队合作意识；关于人格的品质应该是完整且高尚的；能够控制自己的情绪；能做到"己所不欲，勿施于人"；能够在不损害他人权益的情况下，将自己的个性充分发挥出来，从而实现自己的人生目标。

一个人拥有健康的心理是十分重要的，它能确保人们在顺境中不被眼前的景象所迷惑，能够保持头脑清醒；在逆境中能够确保人们有着坚韧不屈、敢于挑战困难的精神。如果人的心理是不健康的，如出现懦弱、自卑、逆反、冷漠、猜疑、排他等情况时，若程度较轻，可能只是在人生道路的前进方向上出现偏差，但如果情况十分严重，可能会出现自取灭亡的严重后果。

所以，我们需要充分发挥大学语文的作用，以进一步宣扬我们的人文精神和重塑我们的心理健康。大学语文之所以有着这一作用，是因为其不仅延续了悠久的精神价值传统，而且具有明显的时代内涵。吴宓先生曾用列举的方式列出了语文教育的作用："涵养心性、培植道德、通晓人情、谙悉世事、表现国民性、增长爱国心、确定政策、转移风俗、造成大同世界、促进真正文明"。[①]

语文的表现形式是语言，并且语言还是语文的文化符号。语文在引导人类社会由原始状态向文明迈进的过程中起到了重要的作用，并在历史长河中形成了独特的体系。语文是文化的载体，承载着文化与价值，传递着人们的思维和情感，是人类心灵的表达方式。许多专家和学者认为语文是"心灵的书籍"，甚至有心理学家将其视为最优秀的"心理学教材"。

大学语文的教育应该注重新时期人文精神的培养，而未来的人才培养与市场需求的标准主要有以下几点：人格高尚、有着健康的心理状态、有着求真务实的生活工作态度、有着较强的创造主体意识、有着善于合作与乐于竞争的工作精神。

（三）提高审美情趣

人文教育活动能提高学生的审美情趣，而审美情趣又能带来人文教育活动。

---

① 吴宓.文学与人生[M].王岷源，译.北京：清华大学出版社，1993.

大学语文教材的内容通常都是古今中外的优秀篇章，人们通过对其进行深入分析，才能发现其中存在的思想美、情感美与状态美。但是，大学语文所包含的内容十分广泛，其中也必然蕴含着众多作家的思想感情，要想从中体味作品的美，就需要做到以下几点。

首先，提高对"美"的感知度。在美学的发展中，有一个始终备受关注的话题，即当一部作品、图画、诗篇呈现在人们面前时，人们是否能感受到其中体现的美。关于这一话题的讨论，其实在现实生活中就已经有了答案。人们常说生活中处处充满美，缺少的只是人们发现美的眼睛。这也从侧面反映出，人们不仅要有发现美的眼睛，更重要的是要有发现美的意识，要能对美产生条件反射。而通过对大学语文的学习，能够让学生具备一定的文化素养，进而能够让学生发现生活中的"美"。此外，语文的教学中，也充满着各种各样的美，如语言音乐美、词语情境美、文字形象美、句式变化美、整体风格美等，在教学中要注意带领学生去体会这些美，进而培养学生的审美意识。

其次，培养"美"的鉴赏能力。近年来推出的《鉴宝》电视节目十分受大众的喜爱。喜爱这一节目的观众不仅有收藏爱好者，更重要的是还有一些人被这一节目的本身魅力所吸引，其中专家的精彩鉴定评述、收藏者带来的趣闻轶事、每件"宝物"所蕴含的"故事"是主要因素。因此，要想判断一件事物是否存在"美"，不仅要具有基本的美学常识，还要有适当的文化基础、审美观念和人文素养等要素。如果不具备条件，那么也就不具备鉴赏美的能力。如在面对一首诗时，如果不具备鉴赏美的基本条件，那么人们只知道诗的表面意思和基本形式，而不了解诗创作的背景和要表达的思想感情，也就无法对诗进行鉴赏。因此，在教学过程中，教师要对作品的文化背景、思想感情、人物经历进行深入挖掘与分析，进而提高学生对"美"的鉴赏能力。

最后，提高"创造美"的能力。只有具备了两个条件，才能创造"美"，即一要有"美"的意识与鉴赏能力；二要有"创造美"的平台。关于第一个条件，前文已经作了论述，在此主要讲述"创造美"的平台。一切美的创造，都是有载体的，如达·芬奇创作的《蒙娜丽莎的微笑》，这一作品并不是凭空产生的，而是达·芬奇通过真实存在的蒙娜丽莎画出来的。可见，一切美学的产生都源自生活，源自实践。

（四）发展理性思维

理性思维是人类思维活动的高级形式。理性思维主要是通过人们的主观活动来指导人类的客观行为，并使人在这一过程中认识事物的本质、把握事物的规律。有学者认为，理性思维只是一种对外界环境进行逻辑分析和思考的认知方式，属于思维领域，还未具体实施。研究表明，只有将理性思考付诸实践，才具有现实意义，并且才能够被我们运用到实际教学活动中。就像一些学者所指出的那样，理性的正确运用并不是简单地体现为抽象的概念或逻辑推理，而是与真实的生活体验密不可分。理性不仅是生命的本质特质，也是生命自我实现的理想状态。

真正的理性思维应该具备四个条件，一是概括的内容要具有层级递进关系；二是对于感性知识的事物思考，要富有逻辑；三是要能对思考的东西进行恰当的概括与说明；四是要将思考的内容进行实践，从而检验其是否合理。

大学语文应当培养学生的理性思维能力。这是因为人是社会的一部分，也可以说是文化中的人，同时在人文背景、价值观、思维方式和道德品质的影响下，人的活动成为文化的活动。此外，大学生在这一人的发展阶段中，由于其心智已经发展成熟，因此其具备了相应的理性思考条件。同时，理性思维在教学和科研中扮演着至关重要的角色，无论学生是文科还是理工科的，都应该具备这一基本能力，这是开展人文素养教育的重要基础之一。

大学语文可以通过以下几点要求，来让学生形成理性的思维方式。一是要将语文的心理重构功能充分发挥出来。人自诞生之日起，便会受到社会上各种物质环境的影响，进而其心理世界也会变得更加复杂多样，这种变化可能是正向、积极的，也可能是阴暗、落后的。这时，可以通过大学语文特有的工具性和人文性，来帮助人们构成正确的心理世界。通过学习大学语文，能够拓宽学生的知识面，丰富学生的精神世界，并且在这一学习过程中，学生还能逐渐分清真假、美丑、善恶，具备良好的人文素养，从而拥有健全心理品格。二是提供正确合理的思维方法。大学语文收录的文章多为名家名篇，是文化的精华。语文教育所采用的教材包括各种类型的文章和文体，其中文学作品所占比例较大，都蕴含着丰富的文化内涵和人文精神。因此，在探索人文意义的同时，也应关注作者的观念和思考方式，了解作者是如何从不同角度、不同方式看待物质和精神世界的。

第三节　大学语文教育的任务与教学目标

一、大学语文教育的任务

（一）强化母语感染力

母语是人们思维的载体，能够帮助人们进行知识的认知、问题的分析与归纳、思想的表达与信息的沟通。在大学阶段学习母语能够提高人们的语言表达能力，丰富人的内心修养，并且人们的母语水平直接影响其思维能力和创造能力的提升，母语对其他语言的学习也有一定的帮助。大学母语教育目的是培养高素质语文人才，并且学校在进行语文课程教学时，需要按照教育部门的要求设计教学内容，展示出语文学科的特点，使高校能够满足语文教育发展需求。中文是我们的母语，虽然学生在进入大学阶段之前，已经学习、应用了较长时间，但仍需要对阅读、欣赏、表达等进行科学设计。此外，部分高校教师还在使用传统的教学方法，由于教学形式过于枯燥，学生的综合能力没有得到明显提高，甚至缺乏学习兴趣，难以达到增强母语感染力的教学效果。进而在大学语文学习阶段，为了完成增强母语感染力的教学任务，需要教师在设计教学内容之前了解学生的语文学习情况、学习能力，并研究课程设置、教学设计方式等内容，使教学工作具有针对性，以提高学生对语文的阅读、欣赏、理解能力，熟练掌握母语知识，推动学生进一步发展。

由于大学语文课程具有系统化的特点，学生认真学习这一内容能够进一步提高语言表达能力，还能熟练地应用语文知识。大学语文课程在教学时将培养人文精神作为目标，以这一目的为依据合理选择能够启迪思想、道德熏陶的文本，使教学具有生动活泼的氛围，可以让学生对语文学习产生浓厚的兴趣，并达到增强母语感染力的目的。

语文教材在编写时，为了保障其既能够满足教学大纲的要求，又能展现母语教学的意义，就需要教师将其中的工具性与人文性进行统一，使学生能够在适当的教学环境下提高语文综合能力，并提高对文学作品的赏析能力。但部分高校在开展语文教学时，没有合理设计教学内容，导致教学内容过于重视理论性，难以提高学生的综合素养，这就需要进行语文教学改革工作，进一步提高教学的整体性，增强母语感染力。另外，开展语文教学工作，能够促进学生进一步提高语文综合能力，改变部分大学专业设置厚此薄彼现象。大学语文教学中学生在学习文本之后能够形成良好的精神素养，并推动社会进步，提高综合能力。由于人们生活在汉语的环境下，并且语文科目对社会发展有一定的影响，为了使大学语文教学达到增强母语感染力的效果，需要优化教学文本内容，例如：教师可以通过社会发展、文化素质等几个方面选择文本内容，并在教学时对学生进行引导，提升学生对语文的欣赏能力。

（二）提高艺术审美力

艺术审美力，又称艺术鉴赏力，是指人感受、评价和创造美的能力。审美感受能力指审美主体凭借自己的生活体验、艺术修养和审美趣味有意识地对审美对象进行鉴赏，从中获得美感的能力。艺术审美力对学生的思想情操、思想情感的发展有一定的影响，并且大学生即将面临就业问题，为了促进其进一步发展，需要合理开展语文教育工作，使教学达到提升艺术审美的效果。为了实现这一目标，需要教师合理设计教学内容，使学生拥有发现美、创造美的能力。另外，由于教师具有美感教育的责任，进而在选择教材时需要按照马克思主义审美原则整理教学内容，并且由于文学家在创作作品时，会美化人物形象，因此学生在学习时能够逐渐形成艺术审美力，并获得美的享受。在大学语文教学中，教学工作需要发挥出语文学科中的人文性与基础性作用，进而提升学生艺术审美力，推动学生全面发展。为了增强教学的针对性，例如：在教学时，教师需要先对学生进行基本审美能力的培养，并根据学生学习情况进行审美教学，使学生能够进一步提高对语言的感悟能力，从丰富的感悟中得到美的享受；教师需要在教学时对学生进行必要引导，培养其勤于思考的习惯，为之后的学习、工作奠定扎实的基础。

在大学语文教学中，为了进一步提高教学的有效性，需要在教学时帮助学生沉淀知识，并提高对文章内容的理解能力，了解文本内容情感，并将文本内容进行升华。例如：在学习《声声慢》时，由于学生接受了较长时间的语文教育，可以让其独立对文本进行分析，但为了发挥出大学语文教学的优势，需要从审美角度引导学生进行分析，使学生能够感悟李清照的情感，并融入诗人的精神境界，使教学工作达到提高艺术审美力的效果。

教师在教授大学语文时，为了提升艺术审美力，需要合理设计教学内容，帮助学生对作品进行感悟。例如：教师在带领学生学习《荷塘月色》这一内容时，教师需要先带领学生分析作品内容，并让学生找到作品中传达美的关键词，并感悟美的哲理，达到美育的目的。另外，文学作品能够展现社会、思想等内容，例如：《当》这一文章中，学生在教师的引导下能够感受到文章中描写的社会状态，还能感受到作品中美的力量。由于写作是语文教学中的主要任务，教师在教学时需加强引导，使学生能够感受到语文中的美，并延伸到生活实际中，使大学语文教学达到提升艺术审美能力的效果。通过这样的方式进行大学语文教育，学生能够在成长中逐渐提升审美能力，促进学生心理健康发展。

大学语文教材内容具有多样化的特点，并且蕴含自然、社会等方面的美，在教学时教师需要将这一内容合理分配到教学工作中，使学生循序渐进地形成审美感受，领会到作品中描写的美与丑，学生在学习时对生活实际进行分析，能够感受到提高人文素养的重要性，并应用大学语文教学工具性的特点，进而促进大学语文教学的发展。

（三）发展语言表达力

大学语文，无论是叙事状物、言事说理，还是抒情言志，所选文章均为经典之作，语言运用规范而艺术，对学生语感培养很有帮助。由于语文内容具有实践性的特点，人们的日常生活离不开语文，并且随着社会的不断进步与发展，语文的应用范围不断扩大，逐渐向其他领域渗透。因此，专家学者认为语文教材具有培养语文能力的作用，在进行教材编写时，将基本功能作为出发点，注重语言的工具性与美学性特征，提高教材编写质量。另外，培养良好的语文学习习惯需要进行不断地练习，而练习的依据为语文教材，这就需要教师根据教材带领学生进行听、说、读、写等实践活动，通过具体的语言环境锻炼学生运用语言的能力，促进学生养成良好的学习习惯。并且在教学时，教师还需带领学生学习其他选文内容，例如：学习古诗词时，需要应用其他内容分析对仗、押韵等相关韵律知识，使学生能够提高语文实际运用能力。

在大学阶段进行语文教学对学生综合能力发展有一定的影响，在进行语文教学时，从学生实际能力与智力发展需要出发取舍内容。例如：教师在教学时为了达到优化学生的语言表达能力，提高教学的有效性，需要先将教学课程进行分类整理，并在教学中添加不同形式的文本，带领学生进行语言表达能力练习，进一步提高教学质量。以及教师在教学之前需了解学生的实际学习情况，因人而异设计教学内容，达到发展语言表达力的目的。

大学语文教学中，为了达到发展语言表达力的教学目标，需要教师在教学中带领学生进行文本翻译、内容分析等工作。另外，在进行教学时，为了潜移默化地优化语言表达力，需要教师合理设计课后作业，使学生能够将课程内容与生活实际联系起来，形成良好的语文综合素养。但部分教师在进行教学设计时，对教学内容连贯性重视程度不高，需要教师在教学之前先设计好教学总体构架，并按照教学要求进行引导教学，使教学具有优化语言表达力的意义。

（四）激活开拓创新力

创新是一个民族的希望，是社会文明的象征，随着社会经济的不断发展，教育的创新起到引领示范的作用。为了推动我国教育事业的进一步发展，教育部制定了各级教育发展规划，对教学改革发展进行了科学探究，这一工作将推动社会经济快速发展，进而促进人才发展，带动文化、社会发展。高校承担着培养创新型人才的重任，需要在学科教育教学中实施创新工程，以科技创新人才培养为主，对学生进行素质教育。当大学在进行语文教育时，需要按照教育要求设计教学工作，达到培养学生创新能力的目的。设计时可以应用问题教学法，例如：在具体教学过程中，教师可以先带领学生分析文本情感，并向学生提出与教学内容有关的问题，激发学生的创造性思维。另外，在教学中营造创新氛围能够进一步提高学生的学习积极性，并培养学生的创新能力，为之后的学习工作奠定良好的基础。

在大学阶段进行语文素质教育，能够激发学生的学习潜能，并使学生提高创新能力，形成全面发展型人才。大学教育的主要任务是提高学生的创新能力、实践能力，使学生满足时代发展的需求。为了达到这一目标，需要将培养创新能力工作放在重要位置，并整理教学内容。例如：在教学的过程中，教师需要引导学生思考解决问题的方法，使学生能够具备创造环境和解决问题的能力，推动学生形成完善的人格，达到素质教育的目的。在大学语文教学时，为了能够进一步提高创新能力，需要教师使用新的教学手段、教学方法进行教学工作。为了全面提高综合素养，需要提高人文艺术知识，了解思想家的智慧、人文知识、自然景物等内容，促进学生思维能力发展。另外，大学语文课程内容形式具有多样化的特点,并且形式类型较为丰富,学生在学习时,能够形成较为完善的形象思维,并激发开拓创新力。

大学语文教学中,由于学生的创新能力存在差异,导致教学工作难以稳定运行,为了改善这一现状,需要教师在教学时引导学生分析作者的思维成果,并以作者的思维方式进行思考。另外,为了使教学达到激发开拓创新能力的目的,需要教师在教学之前对文本内容进行全方位的审视,并将自身作为发现者、研究者来了解文章内涵,在教学时教师需要带领学生进行课程内涵分析工作,潜移默化地影响学生的思维能力。教师带领学生分析教材中的思想情感,逐渐形成较为完善的课程内容,使学生提高学习兴趣,达到大学语文教学的目的,推动学生进一步提高语文综合素养。在教学中,教师在教学时需要按照相关教学标准、课改需求设计教学形式,推动教学工作进一步完善,并达到激发学生开拓创新能力的目的。

(五)增强人文知识素养

由于大学生是推动社会发展的重要力量,为了提高教学工作的有效性,需要对大学语文教学工作进行优化,把教学重点放在学生人格、气质、修养的培养上,并通过优秀作品潜移默化地影响学生的个人素养,形成良好的个人品质。但由于教材版本不同,其中的结构设计存在一定的差异,需要教师在设计教学内容时注重中华优秀传统文化的传播,并将这一内容与教学工作进行有机融合,使学生能够在语文学习中形成相对稳定的内在品格,激发学生的爱国情怀。例如:高校可以定期召开教学讨论会议,教师共同对教学内容进行整理,并在其中融入适当的传统文化;在教学时教师可以为学生多讲解一些经典的文学名著,开阔学生视野,提高教学效率,使大学语文教学具有丰富人文知识素养的作用。

由于教学氛围对学生学习积极性有一定的影响,为了能够进一步提高教学科学性,需要教师在设计教学内容时将文学、哲学、历史、宗教、文化、思想道德等内容融入其中,并对教学结构进行优化调整,使教学工作达到培养学生道德素养的目的,并提高学生的民族自尊心和文化自豪感。部分古代文学作品具有较高的精神品格和理想,为了使教学工作达到丰富人文知识素养的目的,需要在教学中加强古代文学的教学,因为非中文专业学生的古代汉语知识相对欠缺。例如:在教学中教师可以将《典论·论文》《左传·襄公十四年》等具有高尚理想的文学作品融入教学工作中,体现出开展大学语文教学的意义。现代文学中同样有许多人文素养极高的文学家,例如鲁迅、郭沫若、茅盾、巴金、老舍、曹禺等,他们的作品是人文素养教育不可多得的典范。还有部分当代作品也展示了社会中的矛盾与人文知识,进而为了丰富教学内容需要教师在设计教学内容时将这部分文学作品融入其中,使学生在学习时能够进一步提高人文知识素养能力。

由于大学阶段进行语文教学工作具有德育功能,学生能够通过相关文本了解文章中的价值观、人生观等,教师在这一阶段可以对学生进行适当的引导,使其树立正确的信念,形成丰富的精神世界。实践证明,空洞的政治说教是苍白无力的,潜移默化的精神感化犹如春风化雨、润物无声。另外,在教学中为了发挥出丰富人文知识素养的作用,需要有针对性地选择教材内容,例如:教师可以选择《离骚》《苏武传》等内容对学生进行爱国主义教育,学生在接受教育之后能够丰富人文知识素养,并促进其提高道德修养。并且由于大学语文教材具有理想情操教育的功能,在教学中教师选择适当的内容能够帮助学生树立正确的人生观,并提高为人处世的能力。大学阶段的语文教学还需要对学生进行语文基础教育,提高学生的语文综合能力,帮助学生自主思考自身的不足,弥补缺陷,扎实基础,完善知识,提高素质。

二、大学语文教育的教学目标

教学目标是教学活动的起点和归宿,具有重要的导向、激励、评价、反馈功能,所有教学活动、教学过程都必须围绕教学目标来组织和实施,切实可行的教学目标能够避免教学的随意性、盲目性,从而使教学的有效性逐步提高。大学语文作为一门重要的基础课程,是大学教学体系不可缺少的一部分。新时代背景下大学语文该何去何从,大学生通过语文课程的学习应该获得什么样的知识与能力,是真正值得人们深思的问题。

(一)大学语文教学目标的内涵

大学语文教学目标在大学语文课程的教学中占据着主导地位,是教学目的在大学语文课程领域的具体呈现,从属于大学语文教学目的。大学语文教学目标,是从语文学科视角出发,对人才培养的具体规格、质量要求所做的规定。而从语文素养角度来看,可以从不同角度对大学语文教学目标体系进行分类,它立足于大学语文课程的基本内容,形成了三维目标体系,即知识与技能、过程与方法、情感态度与价值观。语文素养是大学语文课程的核心概念,将语文素养作为着眼点,建立健全大学语文教学目标体系,与大学语文课程改革的新理念不谋而合。

(二)大学语文教学目标的确立依据

教学目标的确立不是一个简单的过程,进入20世纪之后,越来越多的教学研究者关注并投入到对教学目标的研究中,如杜威(Dewey)、泰勒(Taylor)、塔巴(Taba),他们提出自己独特的观点,形成了学生的需要、社会的需要、学科的发展等教学目标确定的依据,并且这三方面的观点十分受人们认可。即使是在现代教学研究领域中,世界各地仍没有对学生、社会、学科之间的关系的认识达成一致,但对于将这三者作为教学目标的依据并没有争议。

1. 学生的现实需要

由于大学语文能够促进学生的身心发展,所以大学语文在确定其发展目标时,必须考虑到学生的现实需要。大学语文的教学对象是大一、大二的学生,处于这一阶段的学生,其心理发展还没有成熟。此外学生是完整的个体,并且每个学生的兴趣、爱好等各方面也是不同的,因此在确立大学语文的教学目标时,应该先深入了解学生群体,根据他们的语文水平,结合他们的性格、年龄、兴趣爱好、所学专业等因素,科学地分析和研究受学生欢迎、青睐的教学方式,以及学生迫切需要提高哪些语文知识和能力。由此才能准确锁定大学语文教学目标的关键,做到对症下药。

2. 社会的现实需要

学生是社会成员的一分子,学生最终的发展都要走向社会,变为社会人。因此,高校教育的首要任务就是帮助学生完成社会化的转型。由此,大学语文的教学目标也应该根据这一需要来制订,即社会的需要才是其教学目标的主要来源。

除此之外,大学语文的交流目标还应该根据社会生活来制订。学生的社会生活可以根据时间维度来划分,即学生的现实生活;学生的将来生活。在制订教学目标时,要充分考虑这两个维度。首先,在制订教学目标时,要确保目标的制订能满足学生的实际需求。其次,加强建构大学生的可能生活,重视社会对未来人才提出的要求。所谓可能生活,指的是人类行动能力所能够实现的生活,其目的是幸福生活。大学语文在确立其教学目标时，应该满足各种需求，包括社会对大学生语文知识和素养的要求、社会对合格高校毕业生规格的要求。只有满足这些要求，才能培养出适应现实生活和可能生活的主体。

3. 语文学科的发展需要

每个学科都有着属于自己独特的知识结构、内容体系、发展趋势。在确立大学语文的教学目标时，应该从整体出发，全面了解大学语文的知识结构、内容体系，同时以语文学科功能、发展趋势为导向来进行。具体来说，大学语文教学目标的确立要积极采纳学科专家的建议，因为学科专家通常对本学科的知识内容有着更高的广度和深度，对学科功能、未来发展方向有着更精准的判断和把握，能够为教学目标的制订提供更有效、可靠的学科信息。

综上所述，学生的需要、社会的需要、语文学科的发展这三个要素是大学语文教学目标确立的依据，在教学目标的确立中相互制约、相互作用。要想保证大学语文教学的平衡发展，这三个要素的地位必须是同等的，否则将会造成大学语文教学的失衡发展。

（三）大学语文教学目标的具体内容

相比于中学语文教学，大学语文教学具有更突出的综合性、技能性，注重对大学生人文素质、语文应用能力的培养，为大学生未来就业做准备。根据课程呈现的形态，可以将课程划分为显性课程、隐性课程两大类，显性课程产生的教育影响是有预期、有计划的，隐性课程产生的教育影响是非计划、非预期性的。大学语文课程也有显性课程、隐性课程之分，前者是以课本为媒介组织的一系列听、说、读、写的实践活动；后者有广义和狭义之分，广义的大学语文隐性课程主要包括校园文化、物质环境、教师风貌等，狭义的大学语文隐性课程指的是隐藏在显性课程内容中的人文思想的影响与教育。由此推衍，大学语文课程教学目标本身也可做显性目标、隐性目标的区分。

大学语文课程教学的显性目标主要包括三部分内容，分别是语文知识目标、语文能力目标、语文智慧目标等；大学语文课程教学的隐性目标也主要包括三部分内容，即审美能力、探究能力以及各种情意要素。大学语文课程教学中的显性目标和隐性目标并不是相互割裂、互不相关的，而是相互渗透、紧密结合又完整统一的目标体系，对于学生的可持续全面发展而言，这两者缺一不可。

1. 显性目标

（1）语文知识目标

该目标指的是对学生掌握最基本语文知识的要求。大学语文课于1978年重新设立，自此受到了人们的广泛关注，相关研究日益丰富。但是，有关大学语文价值、功能的认识是近些年才受到众多教育研究者的普遍关注。从目前大学语文教学开展的情况来看，很多非中文专业的大学生，特别是理工科学生的中文水平普遍不高，经常出现使用错字、别字的现象，甚至有的学生不知道书信、申请书的格式。由此可见，提高当代大学生的语文知识水平是教学的当务之急。在中学语文课本中，不同单元之间的联系较少，同一单元中文章的体裁往往相同或相近，不同年级对应着相应的教材，对于认知水平有限的中学生来说，难以从整体上对知识做到全面的把握。而大学语文的教材在编制过程中通常是以史为纲，有助于学生建立新旧知识的联结，全面整合知识，形成系统性、完整性的知识体系。大学语文教学应该以中学语文为基础，尽可能地为学生提供中国文学的基本框架，帮助学生更透彻地理解语言知识，全面掌握文学发展脉络。

（2）语文能力目标

语文能力目标主要包括以下三方面的能力，一是独立阅读能力，首先要帮助学生具备独立阅读的能力，在此基础上再进一步提升独立阅读的能力。二是自主写作能力，首先要帮助学生树立独立写作的意识，在此基础上再进一步引导学生尝试进行有创意、有个性的表达，按照自身特长、兴趣爱好自主进行写作。三是口语交际能力，与传统的听、说能力相比，新时代大学语文课程应更加关注学生现场性、即时性口语能力的培养与提升。

2. 隐性目标

（1）审美能力

文学可以让人变得非常富有诗意、情感，变得更像"人"。这是因为文学是一门依托语言符号塑造人物形象、传达作者的语调和态度、形象化地反映社会生活的艺术。审美功能是文学的特性和基本功能，大学语文教学是培养学生审美能力的重要途径。

大学语文教学内容涵盖诗歌、散文、小说、戏剧等各种体裁的作品，这些作品中蕴含着不计其数的逻辑美、义理美、情感美、趣味美、意境美。语言是文学的第一要素，无论是哪种体裁的文学作品，都需要以语言为载体准确表达相应的主旨，以语言为载体抒发特定的情感，以语言为载体展现美好的意境。学生在语文学习中，其目光和注意力往往会被优美的语言所吸引。教师在引导学生感悟唯美的语言时，要让学生透过作品，深层次理解其背后隐藏的道理，使学生的审美情趣在不知不觉中受到影响和陶冶，逐步提升学生感受美、创造美的能力。

（2）探究能力

现代社会对人提出了更严格的要求，不仅要才思敏捷，还要具备良好的探索精神和创新能力，能够更深刻地认识、理解、思考自然社会和人生。语文学习和实践可以被看作是一种积极的探索过程，通过阅读、写作以及口头表达等活动，学生可以发现自己的人生价值，逐渐形成独特的思想和行为规范，确立高尚的目标和信念，同时加强为实现中华民族伟大复兴的中国梦而努力的使命感和社会责任感。

（3）情意要素

这里的情意要素主要包括道德品质、理想精神以及意志力等，这些都是人格体系中不可或缺的重要因素，是语文素养的潜隐部分。培养学生这些积极向上的情意要素，是大学语文课程更内在、更深层次、更高质量的价值追求，是大学语文课程的隐性目标。

综上所述，大学语文作为一门培养学生能力、人文精神的基础课程，在学生母语素养的提升、中华优秀传统文化的传承等方面，有着其他专业学科课程不可比拟的优势。大学语文教学应充分发挥自身优势，在实施中实现显性目标和隐性目标，促进学生全面发展、社会可持续发展，促进大学语文教育的高质量发展。

第四节 大学语文教学的基本原则与相关理论

一、大学语文教学的基本原则

（一）工具性与人文性统一原则

大学语文教学中一个十分重要的原则就是保证工具性和人文性的统一。大语文离不开语文本身的特质，语文作为生活和工作中不可忽视的交际工具，对于文化的构成来说十分重要。在教育部针对语文教育所规定的课程标准当中关于语文教育性质的认识强化了"工具性和人文性统一"的原则，语文课程不可忽视的是培养学生在现实当中对于语文的应用，但同时不能抛弃语文所具有的人文性。目前我国所进行的教育都不能够离开人文性。人文教育指的是针对受教育者开展一系列能够帮助其提升人性境界以及塑造理想人格的教育，人性的教育必然需要培养人文精神。人文精神来源于欧洲文艺复兴时期，对于人的本性的强调融入艺术当中，艺术不再是冷冰冰的文字、符号，而是充满了人性温暖和人文光辉。教育不是对器件的塑造，而是对人的培养，工具性和人文性的结合才是真正的教育原则，并且在大学语文教育中应得到良好的体现。

在很长一段时间内，学术界对语文学科的人文性和工具性展开了深刻的探讨和争论，不同的学者对语文学科性质的探讨具有不同的观点。工具论者认为语文作为一门学科，实质上是一种培养思维和传递信息的工具；而人文论者则认为语文教育对于学生和教师来讲，都是站在人的角度去进行教育，教育离不开人性的特点和培养人的目的。人文论者对语文学科的认知是将人文性当成了语文学科的本质属性。这两种论调在一定程度上都具有片面性，失之偏颇，实质上语文教学应当在人文性和工具性的和谐交融中进行，不能忽视二者当中的任意一方，同时也不能过分偏向哪一方。在《语文课程标准》中，对语文课程的定位就是根据方法论，提出了工具性以及人文性统一才是语文课程的基本特点。无论是哪一阶段的语文教育，这两个方向都能够帮助学生有效提升自身能力和扩大认知范围。语文是进行思想交流的工具，在使用的时候必须赋予其一定的思想、情感以及想法。

大学语文所面对的学生具有较强的文学基础，同时由于年龄的特点，不同于小学生、中学生，大学生能够更加容易理解语文这个科目中人文性与工具性统一的特点。在很多课程内容中，文章或是诗词所表现的工具性和人文性的侧重点是不同的，有的课本偏向于工具性，那么在这样的教学中就可以侧重传授学生关于听、说、读、写方面的知识；而一些文章充满着文艺气息，例如一些优美的散文，这就需要教师侧重于向学生教授人文方面的知识，帮助学生沉浸在一个充满美感的氛围之内，感受语言和文学带来的美的享受。但是从整体语文教学规划上来看，工具性和人文性在大体上应保持一种平衡，这样才能够不失偏颇，全方位为培养学生的创新意识和提升语文能力提供保障。

（二）阅读与写作并重原则

阅读与写作并重的原则在很久以前就被教育学家所重视，只有保证写作和阅读在一个合理平衡的范围之内，才能开展有效的教学活动。著名教育学家叶圣陶先生就针对语文教学提出过以下的观点：语文教学在以前只有读和写两个部分，但是实际上读往往不受重视。从中不难看出写在语文教育的历史中是受到重视的部分，但是这并不能说明"读"是语文教育中可以忽视的部分。读和写哪一部分更重要，这是语文教学始终存在的问题，真正能够全面提升学生能力的方法必然是阅读和写作并重，将二者作为语文教育中不可或缺的部分。共同构成语文学习框架。

阅读和写作并不是完全交融的，它们相互独立又相互影响。阅读可以为写作提供服务，一定的语文阅读能力是写作的基础，如果缺乏阅读，那么写作就会变成闭门造车，封闭的环境和封闭的思维无法进行优秀的写作实践。在叶圣陶先生的观点中，教师对学生的阅读指导能够有效提升学生的阅读能力，并且能够为学生其他方面的语文学习打好基础。阅读能够有效打开学生的视野，在一个更加广阔的环境下进行知识的吸收。写作如果成了阅读的最终目的，那么就会导致阅读的目的不再纯粹。阅读本身是一个开放的过程，阅读经典的作品就如同和具有智慧的长者对话沟通，阅读的内容、品位和方式都可以在教师有效的指导之下取得良好的成果。阅读还能够有效帮助学生开拓创新思维空间，使创新思维不受狭窄知识面的限制。

写作教学的重要意义之一体现在养成学生经验积累和技术磨炼的习惯上。如果缺乏写作的练习，那么学生就会无法将已经拥有的知识进行组织和归纳，脑海当中的知识点就处于一个较为朦胧的状态，同时无法将学到的知识转化为自己的。学生为了走出这种朦胧的状态，就不得不多练笔，作文练笔必须有效表达自己的真实情感，对字词和句子，乃至文章的整体构架都需要有一个宏观的布局。教师帮助学生开展写作练习也需要从兴趣的角度进行激发，无论是何种写作内容，学生必须有兴趣才能够真正写出心中所想。在我国的语文教育当中，应试教育体系下的命题作文常常被视为学生创造力和创新思维的阻碍，但是即使在命题作文的背景之下，学生如果可以将自己阅读的内容和人生的阅历转化为文字，这是不违背语文教学的初衷和目的的。写作教学和写作都离不开生活的熏染，生活是艺术的来源，在生活当中学习的知识、经历的事物都会成为写作的素材来源。作文也可以称为生活的一部分，阅读并不是写作的唯一来源，阅读和写作之间的关系相互独立又相互关联，写作的内容也可能会促使学生去阅读一些资料和书籍，正确处理这两者的关系，能帮助学生在创新的思维环境下学习语文。

（三）文道统一原则

大学阶段对很多学科来讲，是一种探索深度的升华，同理在语文学习和应用当中，也不再局限于义务教育阶段以及高中阶段的学习层次，而是向更深的层次逐渐发展。文道统一指的是文章内部的思想和它的语言表达形式完美一致，这是语文的基本技能，需要教师和学生在开展语文学习教育的过程中兼顾语文训练和思想方面的教育。在我国古代历史中，常常把一篇文章、一首诗词的内涵思想称为"道"，道没有固定的内容，在不同的情况下，在不同的文章内部也具有不同的含义，文章所采用的表达形式被称为"文"。在现代语文教育中，"文"和"道"指的是基本技能以及思想这两个重要方面，文道统一原则也是保证语文教育质量的基本原则之一。很多教师在教学的过程中体会到了工具性、人文性平衡的重要性，但是对于语文言语性的属性有一定的忽视。

早在古代，教育家和学者对于语文的教学就意识到了需要文道统一。文以明道，文以载道，这些都是语文教学流传下来的思想。而在近现代的语文教育中，教育专家们也逐渐意识到了文道统一对于构建语文教学合理框架的重要性。语文课程作为一门教育规划当中必有的学科，其真正的意义十分丰富，其中培养学生热爱国家的思想也是十分重要的一点，这一点在《义务教育语文课程标准》中被明确提出，那么到了大学阶段这一点可以被忽视吗？答案当然是否定的，无论何时何地，培养学生正确、积极的思想情感都是教育必须承担的职责。如果将语文的学习仅仅停留在工具性上，那么教育将会变得冰冷无情，感性的光芒将无法散发。品德和思想的教育能够体现在教师的教学设计和教学计划当中，例如在当代大学语文教育中，很多近现代文学表现出了深刻又强烈的封建主义批判色彩，鲁迅在小说《狂人日记》中对封建主义"吃人"的本质就作出了深刻的揭露。文学作品表达出的情感可以跨越时间和空间的界限传递到读者的心中，这也正是文道统一的一种体现。"道"的传承利用文字作为载体,在历史中不断延续,并且通过教育传递到学生的心中,这正是文道统一的意义所在。即使不能身处一个时代,但是通过文学作品也能够了解到一个时代的特点,以及当时人们悲欢喜乐。

(四)文史哲融合原则

文学、史学、哲学这三个概念本身既具有一定的独立性,同时又在文学的范畴中相互交融,大学语文教育的原则之一就是能够将这三者进行整合。文学是一种语言艺术形式,也是语文最为人熟知的一面,哲学则是了解世界原理层面的一门学术,史学又被称为历史学,是对人类社会发展变迁的过程以及其中的规律进行揭示和阐述。这三门学科从表面上来看各不相干,但在本质上有一定的关联,而且在大学语文教育中,也坚持着文史哲整合的原则。文史哲的结合应用在很多文学作品中,例如《巨人的陨落》这本书讲述了第一次世界大战前后,英德俄美等国家不同家族的主人公命运在历史洪流中所发生的变化。每一个人物的命运和成长都和这个时代紧紧结合在一起,世界的变化、时代的发展都体现在文字当中,这部作品对人生和世界的描述,从哲学的角度来看也具有十分深刻的意义。文史哲的整合在这部作品中被表现得淋漓尽致,也让人了解到文史哲这三个要素是如何在同一部作品中出现,这是这部作品成功的原因之一。文史哲统一的文本在古今中外经典作品中并不少见。文史哲整合的原则在语文教育中,从小学、中学乃至大学都保持着其重要的影响,只有将这三者有效结合才能够真正体会到历史中不同文学作品的深刻价值。

在我国文学发展史中,文言文承载了众多文学、史学、哲学的内容,这些都是古人保留智慧的一种形式。而我国白话文仅有一个世纪的历史,虽然在近现代发展迅速,却依旧没有文言文发展的时间长,文言文的作品往往蕴含着丰富的史实和人生哲理。例如在《诗经》中,对我国当时的社会现象进行了正面且真实的描写,这是文学作品在史学方面的价值,而赋比兴等多种表现手法是中国诗歌在文学方面的重要价值,《诗经》饱含着人生和自然界的哲学理念。在《诗经·王风·黍离》中,就有"知我者,谓我心忧,不知我者,谓我何求"这样的人生哲学。文史哲的整合是语言文学发展历经多年而拥有的特性,同时也应当成为语文教学中受重视的原则。语文教学从文学、史学和哲学三个方向入手,不仅可以加深对教材内容的解读深度,更能够帮助学生培养创新的思维和乐于探索的习惯。

二、大学语文教学的相关理论

行为主义、认知主义、建构主义是传统的三大学习理论，我国现今的大学语文课程教学就是以这三个学习理论为指导，并且这三大学习理论在各种教学中都有十分重要作用，如事实性知识、过程性知识、原理性知识、促进个人意义建构的发展性知识的教学等。学习环境与教学方式随着网络信息技术的快速发展而发生变化，这种变化给传统的三大学习理论带来了新的挑战。在这网络时代的教学中，适应数字化时代的关联主义理论更适合教学的发展，并且这一理论不仅能提高学生的学习兴趣，同时还能促进学生形成知识网络。与此同时，关联主义学习理论中的知识观、学习观、实践观影响着互联网大学语文课程的有效教学。

（一）行为主义理论

行为主义理论认为，个体在受到特定条件的刺激后而产生了学习行为，并且认为学习是一种"刺激—反应"的联结过程。另外，行为主义理论还十分重视对可观察到和可改变行为的关注，强调环境与经验在学习中的作用。同时，行为主义还重视"强化"在刺激与反应联结中的重要作用，并且注重强化学生的有效行为，消除不合适的行为。以班杜拉为代表的行为主义学习理论家们十分重视观察学习在教学中的重要性，认为学习者只要通过观察，就能学习并获得新的行为。但是，行为主义学习理论认为人的学习行为只是简单的机械式的条件反射行为，却忽略了人的意识。行为主义学习理论还认为人的学习行为和动物的学习行为是一样的，唯一不同的是在复杂性上的差异。行为主义学习理论对我国高校的大学语文课程教学的影响是久远的。在这一理论的指导下，大学语文教学开始注重营造"刺激源"，通过激发学生对学习内容的兴趣，促进他们积极参与学习活动并作出相应反应。此外，在教学事实性知识时，例如作者背景介绍、词汇发音、文章核心观点等方面，一般会通过加强练习的方式，让学生多次重复记忆，以促进对这些知识的理解和记忆。在这个教学过程中，主要侧重于教师进行教学，注重教师的知识传授。在行为主义学习理论的指导下，大学和初高中语文教学都十分重视语文知识的掌握，但这也表明了教学未能充分关注人文精神培养的教学目标。这种教学方法使得学生在学习语文知识时变得被动，逐渐失去了学习的自发性和积极性，从而给大学语文课程的有效教学带来了不利影响。

（二）认知主义理论

从认知主义理论的角度来看，学习是在同化和顺应的作用下，使生理与心理产生变化的内部发展过程，从而促进学习者在认知结构的发展过程中实现自身认知的发展。另外，认知主义认为学习的实质指的是，学生在现有知识结构的基础上，通过学习新知识，与旧知识产生联系，从而形成新的认知结构的过程。并且在这一过程中，学习者为了促进自身认知结构的发展，会积极地主动学习、主动探索，从而实现这一目标。在认知主义的指导下，教师作为信息的发布者，学生作为信息的加工者，这两者共同促进了个体认知能力的发展。在大学语文课程教学中，教师要注重语文基本概念和过程性知识的讲授，此外教师要想了解学生的心理表征，可以让学生将所学内容陈述出来，通过这一形式来了解学生是否形成了全面而又准确的认知。比如在教授学生《诗经·无衣》这篇古诗的时候，老师可以通过复习《诗经》的知识，帮助学生回忆所学过的古诗篇目。这样做不仅可以调动学生原有的认知结构，也可以引导他们探讨"赋、比、兴"这些表现手法。通过这些表现手法对《无衣》进行鉴赏，学生可以更全面地了解诗的情感和思想。通过上述方法，可以在一定程度上帮助学生联系新旧知识，通过提问的方式激发学习者的人文情感，促进将陈述性知识向程序性知识的转变。显而易见，认知主义理论对于大学原理性和过程性知识的教学具有一定的推动作用。然而，认知主义学习理论认为学生的认知发展就是学校的教育，这对于大学语文课程的教学来说是不恰当的。学生人文素养的认知发展，不应受限于学校教育范围，而是应在当前的知识氛围下，采用各种不同的教学方式，来促进学生的认知发展，从而提升大学语文课程教学的效果。

（三）建构主义理论

从建构主义理论的视角来看，学习者知识的获取是在特定的学习氛围中，通过学习相应的学习资源，并且在他人的帮助指导下，自身主动学习与建构而获取的，并不是单纯依靠教师的知识讲授。在这个过程中，学生发挥着塑造知识的重要作用，对于提升学习效果至关重要。同时，建构主义认为在教学过程中，教师要以学生为主体，协助学生在现有的教学资源中主动构建知识，从而提高学生的学习兴趣。例如在学习《西游记》时，以研究人物性格为中心，将学生分成几个小组，一起探讨文本中反映人物性格的句子。这时教师可以通过学习资源来帮助学生更好地总结人物性格特征，并进行展示和汇报。其他小组可以进行评价和补充。开展小组协作学习能够将学生在教学中的主体地位充分发挥出来，同时小组协作学习不仅有利于学生构建语文知识，还能提高大学语文课程的教学效率；不仅能培养学生独立思考的能力，还能培养学生与他人合作的能力。还有研究表明，在建构主义的指导下，大学语文课程教学可以通过一些教学模式来实现教学中的双主体地位，即教师与学生的主体地位，还能推动大学语文人文性与工具性的结合，这些教学模式主要有情境型教学模式、人文熏陶型教学模式、探究型教学模式以及合作型教学模式。可见，在大学语文课程教学中，建构主义学习理论在其中发挥着重要的推动作用，能够促进个人意义建构的知识教学。观察当前大学语文课程的教学情况可知，尽管教师在教学中注重创设课堂情境，同时也注重学生在教学中的主体地位，但是由于学生学习积极性的不足、先前语文知识体系的不足以及教学课时的约束，使得该课程的教学成效低下。

（四）关联主义理论

1. 关联主义的概念

关联主义又称为"联通主义""连接主义"，它是一种数字时代的学习理论。该理论是由西蒙斯提出的，2005年，他在《关联主义：数字时代的一种学习理论》一书中提出了该理论。该理论主要是用来阐述网络信息时代知识和学习的连接与互动。西蒙斯通过对混沌、网络、复杂性以及自组织等理论原则进行整合，系统阐述了关联主义学习理论的主要内容，概述为以下八条。

（1）学习是将不同的节点和信息连接在一起的过程。

（2）知识散布于网络之中。

（3）学习可能发生在非人的工具中。

（4）学生持续学习能力的培养比掌握当前的知识更重要。

（5）学生持续能力的发展，需培养学生的信息连接能力。

（6）找出不同领域、想法和概念的相互关联的能力很重要。

（7）学习活动的目的是知识的流通。

（8）学习过程中决策的重要性。

这八大内容不仅深刻揭示了关联主义学习理论的核心思想，还全面解析了关联主义学习理论中的知识观以及学习观。在关联主义学习理论的背景下，我们可以注意到这一理论侧重于知识节点间的互相沟通与联系。它主张知识是网络所覆盖的，人们能够通过与不同信息节点建立联系来获得这些信息，进而更加高效地促进信息的交流和传输。西蒙斯还强调了这样的观点：信息技术已经对我们的学习方法、日常生活和人际互动途径作出了全面和深刻的改变。因而，我们需要深化学习理论的研究和理解，从而更好地揭示我们当前的社会环境。传统的三大教育理论产生于信息技术尚未完全发展完善的现代社会环境中。西蒙斯明确强调了传统三大学习理论的局限性，并且深信学习实际上是一个网络形成的过程。另外唐斯也在关联主义理论中作出了重要贡献。他坚信知识是分散在互联网上的，学生们能利用网络内的各种知识节点来掌握相对应的内容。《关联主义与连接线知识》是他的全套理论探索合集，这本书对研究关联主义学习理论中的连接性知识具有重大的意义。

2. 关联主义主要观点

相比于传统的三大学习理论，关联主义学习理论有着更为突出的特征，即它强调各知识节点的互相联系以及重视不同信息的交换与互动，从而形成了有效的连接。通过对关联主义八大基本原则的详细研究，我们能够明确关联主义学习论的中心观点，该观点覆盖了关联主义的知识观、学习观及实践观这三个核心方面。

（1）关联主义知识观

首先，从关联主义的视角来看，知识是处于流动的状态，它并不是一成不变的。并且西蒙斯在他的著作中，也曾提出"知识是河流，不是水库"。同时他还强调了"知识流"的理念，即西蒙斯将知识看作是管道中的石油，它是流动的。另外西蒙斯还强调知识应该具有时代性与精确性，同时还要注重知识的流动与循环。

其次，关联主义认为知识分布在整个网络中，强调学习者在知识网络中的联系和互动。同时，关联主义也将知识分为四类，包括知道关于什么、知道去做什么、知道在什么地方，以及知道成为什么。从关联主义的角度出发，相比于"知道什么""知道怎样"，"知道在什么地方"与"知道谁"更为重要，强调了知识存在位置的重要性。

在大学语文课程的教学过程中，必须确保语文知识能够不断循环传递。新旧知识间的相互交流和影响，促使了文化知识在现代社会的快速传播和循环，这也进一步为传统文化知识带来了新的时代特色，推动了文化知识的持久更新和发展。此外，从关联主义的角度看，大学语文知识可进一步延伸，即不仅要让学生了解大学语文的相关概念，还要让学生学会如何运用这些语文知识。

（2）关联主义学习观

关联主义理论认为，学习是一个构建知识网络的过程，在这个过程中，学习者可以通过积极主动的方式来建立自己的学习网络。在关联主义的学习理论中，节点和连接是这一理论的基本概念。节点可以是人类、思维、感知、书籍、网站、图书馆、组织、数据库或其他多种形式的信息资源。而连接指的是节点之间的互相连接，也就是通常所说的通道。在网络环境全局的背景下，对于学习者而言，确保节点间有效连接是十分重要的。关联主义也明确提出，当学习者在建立节点之间的连接时，应当尽可能地利用那些非人的工具。在学习中，仅靠教师和书籍获取知识是不够的，并且也不能只局限这一途径来获取知识，要积极开拓其他学习工具，进而才能促进个人学习系统的发展，并强化与各个信息节点的交流和互动。

关联主义学习理论特别指出，学习者的学习路径大致可以分为两大类别，一种是学生人体内部的学习活动，这种活动形式是一种内在的网络形成形式。另一种则是人体外部的学习活动，这种学习网络的形成过程是通过连接不同节点而形成的。并且在这一学习的过程中，学生们能够更为明确地认识到知识的起源及其获取的途径，这在某种意义上有利于提高他们学习的效率。从关联主义学习理论角度看，决策在整个学习过程中扮演着非常关键的角色。在数字时代的背景之下，网络信息技术的崛起极大地催生了知识的迅猛扩散，导致众多信息迅速涌现在这个大网络中，从而使得学习者在应对如此庞大的知识储备时，不得不面临选择的困境。为此，学习时为了能够精准地识别、评估、建立关联并挑选新的知识节点，学习者必须拥有出色的决策能力，这样才能确保终身学习网络的持续发展并提升知识的有效利用率。

在高校的大学语文课程体系下，学生学习语文知识的过程，实际上是他们搭建一个全面且深入的语文知识网络的过程。在这一教学流程中，学习者应该尽可能地利用与语文课程有关的知识节点，与之建立一定的联系，以拓宽自己的知识视野。在这个过程中，要积极使用各种获取信息的渠道，如论坛、搜索引擎、数据库等渠道，以此来拓展自己的知识面，了解获取语文知识的途径有哪些，从而才能提升语文知识的利用率。此外，面临繁多的语文知识点，学习者应该加强判断力、提高自身的决策力，选择那些具有实质性和价值的知识节点，而不是简单地完全吸纳和应用。

（3）关联主义实践观

《网络时代的知识和学习——走向连通》，这是西蒙斯的著作，西蒙斯在这一著作中，将实践称为"实施"。同时西蒙斯认为行动才是人们在社会生活中的主要目的，而不是知识。并且西蒙斯在实践过程中还强调，人们应该将重点放在洞察力方面，同时加强自身模式的识别能力，努力学习怎样成为人。

此外，在教育的实践操作中，关联主义实践观强调了教师在教学中，应该注重学生的主体地位，同时也强调了要重视教师与学生之间的相互沟通，建立一个良好的师生关系，这样不仅有利于激发学生的学习兴趣，同时也能提高教师的教学效率。关联主义学习理论还倡导，作为教育者在教学活动的过程中，需要不断更新自身的教育观念，可以在教学中运用协作学习的教学方式，同时还要对传统的教学方法进行一系列的改革。在数字化的今天，教师需要广泛利用多媒体信息技术、互联网资源等信息节点，进而促进现有教学方式的改革，同时还能提高学生在信息查询和知识管理上的技能。另外，在教学过程中，创造一个开放性的教学环境是至关重要的，这样不仅能发挥学生的主观能动性，还能发展学生的连接能力。

由此可见，在网络信息技术的背景下，大学语文的教学不仅要积极转变教学方式与教学理念，还要加强不同节点之间的连接和互动，只有这样，才能有效开展课堂教学，才能激发学生学习大学语文的积极性。

第二章 大学语文课程探析

本章为大学语文课程探析，对大学语文课程的定位、大学语文课程建设现状、大学语文课程价值及实现、大学语文课程与互联网整合四个部分作出论述。让读者对大学语文的课程有了初步的认识。

第一节 大学语文课程的定位

一、大学语文课程性质的定位

由于大学语文课程是个不断发展变化的概念，而且不同的人具有不同的大学语文学习经验以及对大学语文的不同认识，因此，关于大学语文课程性质的定位成了一个旷日持久的世纪性难题。在经历了20世纪上半期"文言"与"白话"之争，20世纪下半期的从"文道之争"到"工具性"与"思想性"的统一，21世纪以来将大学课程性质定位为工具性与人文性统一。

世纪之交，教育部于1999年5月启动了我国教育新一轮课程改革。这是中华人民共和国成立以来第八次课程改革。其过程如下：从1996年7月到1997年底，教育部基础教育司与6所大学和中央教育科学研究所的课程专家合作，对九年义务教育课程的现状进行了广泛调查，这有助于新一轮基础教育课程改革的推进。1998年起，针对世界各国的课程改革经验和策略，我国展开了广泛的国际比较研究，并以此为基础明确了基础教育课程改革的基本理念，着手起草了《基础教育课程改革纲要》，为指导和推动基础教育课程改革工作奠定了基础。在21世纪初期，教育部开始了基础教育课程改革项目的申报、评审和立项，并确定了9类78项课程改革项目。同时，教育部还制订了义务教育阶段的18科课程标准以及编写教材的工作。在2001年5月，教育部邀请专家对18门学科课程标准进行评估。2001年6月，经过多方讨论和多次修改，获得了教育部党组批准，教育部正式发布了《基础教育课程改革纲要（试行）》。2001年秋季，义务教育各学科课程标准（实验稿）及其20个学科的49种新课程实验教材在38个国家课程改革实验区试用。新的语文课程标准对义务教育阶段语文课程性质的定位是：语文是最重要的交际工具，是人类文化的重要组成部分。大学语文课程是义务教育阶段语文课程的延伸，在教学目的、内容等方式上存在差异，但是没有发生根本性的变化，也就是说，两者的课程性质是相同的。因此，工具性与人文性的统一，就是大学语文课程性质的基本定位。

关于工具性和人文性的解释，有专家认为"工具性"就是注重在语文教学中，培养学生的语文运用能力，强调语文课程的实用功能和实践性的特点。而"人文性"则是指语文课能够感染并熏陶学生的思想感情，强调的是语文课程的文化功能和课程的人文学科等特点。之所以明确语文课程的"工具性"与"人文性"，就是为了突出这两方面的功能。我们坚信，科学与人文的统一、工具性与人文性的统一，不仅能够成为人们的共识，还能够反映出社会各界对语文教育的共同期望。"工具性与人文性"的提法不仅符合当前课程改革的基本理念，并且也有助于实现和执行课程目标。然而，一些人认为这更准确地揭示了语文学科的本质特征，这是言过其实的。

这一语文课程性质的定位明显存在着可商榷之处。首先，"工具性与人文性的统一"这一表述讲的是语文课程的"基本特点"，放在"课程性质与地位"这一节显然不合适，因为"基本特点"与"本质属性"不能直接等同。人们质疑：语文是人文学科，人文学科当然有人文性，但人文学科并非只有语文一科，为什么音乐课程不讲音乐性与人文性的统一，美术课程不讲审美性与人文性的统一呢？

其次，"工具性与人文性的统一"这一表述不能解释语文课程和教学中的许多现象，因而并不严谨。举一个简单的例子，文化可以大致分为人文文化和科学文化两大类，语文不仅可以表达人文文化，还可以表达科学文化。需要注意的是，这里所提的语文，是取自中华人民共和国成立初期学科正名时的内涵，也就是指口头语言和书面语言。在语文教材中，科普文和科技文是最典型的教材，这些课文的目的是传播科学思想、科学方法论，培养科学意识和科学精神。这些课文和相关教学需要注重工具性和科学性的有机结合，而不能单纯地被视为"工具性和人文性的统一"。考虑到这一点，我们可以把它理解为对学科性质的最终结论，而不是简单地视为对20世纪末关于语文教育讨论的总结。这一观点可作为讨论的话题，而非语文学科性质的最终定论，它延续了20世纪末大规模的语文教育争论。当时，有一种极端的观点，强调排斥"功利性"，提倡"文学性"；然后，将"文学性"改为"人文性"。同时，还有人认为以前对语文进行讲解时过于偏重思想层面，容易被误解为政治思想，而现在转而注重人文性，使其含义更加丰富。因此就有了工具性与人文性的描述。

实际上，对于整个中华民族来说，语文教育就是汉语文教育，这也就意味着语文教育有双重的含义，即教学汉语和使用汉语教学。相比于其他学科来说，语文学科有着其他学科所没有的任务，并且这一任务是语文学科的重要任务之一，即语文学科不仅要教会学生系统地使用汉语，同时还要提高学生正确理解与运用汉语的能力，以此来加深学生对祖国语言的科学认识。此外，在这一过程中，语文学科还要加强学生对母语的尊重与认同。这就不是一个简单的人文性所能包含的，否则就容易造成语言功能的负面影响。

通常情况下，人文精神与科学性是相互矛盾的，就像人文精神与科学精神、人文思想与科学思想、人文主义与科学主义一样，因此工具性和人文性并不是一对完全相同的概念。即使从文学和语言的视角来看，两者也不在同一层次上。列维·斯特劳斯是法国的结构主义人类学家，他曾经阐述了语言和文化之间的密切关系，主要讲述了三方面，一是语言是文化的结果；二是语言是文化的一部分；三是语言是文化的一种条件。对于这三个观点，人们普遍能够接受前两种观点，而第三种观点，由于其本身比较特殊，因此需要人们密切关注。列维·斯特劳斯在他的著作《结构人类学》里，从两个方面阐明了语言是文化的一种条件这一观点。首先，从历时性方面来看，因为我们在学习自己的文化时，通常是通过语言表达来实现的；再进一步，当从一个更深入的理论视角去考察时，可以发现，语言和文化的建立需要依靠特定的材料，而这两者依靠的材料属于同一类型，如逻辑关系、对位、相关性等，所以才能说语言是文化的条件。基于此，语言似乎为那些与文化有着紧密相关的复杂结构提供了坚实的根基。此外，语言不仅仅是由文化形成的产物或文化的组成部分，它还是构成文化的基础和条件，实际上，对于文化来说，语言才是最基础的东西。在语言的基础上，才有了人类的文化活动和文化成果，这是因为语言为其提供了基本的组成部分和结构。

本杰明·沃尔夫是美国的人类学家，他在同一时间提出的思想与列维·斯特劳斯的思想相同。但是本杰明·沃尔夫比列维·斯特劳斯的思想更具有指导意义，本杰明·沃尔夫使用的概念要更具有启发性，同时他所作出的论证也更充分。对于他来说，语言是某一种文化所具有的特殊背景，并且他称这样的文化现象为"背景现象"或者是"背景知识"。从性质方面来看，人类活动可以分为两部分，即"背景"与"领域"。语言呈现出其特有的"背景"特征，而社会生活的各个方面则属于这个"背景"下的不同文化领域，如文学、科学、哲学、政治、经济、道德、宗教等。科学实际上就是在它涉及的科学及其内部进行的各式各样的文化交流和活动；哲学其实就是在哲学这个特定的领域内逐渐形成的文化活动；而文学是一种在特定的文学领域和方向上逐渐形成的文化活动。因此，文学与科学、哲学、宗教、道德、政治、经济同等重要，它们都站在同一层次上。从文化传承的视角来看，无论是口头还是书面的语言（即语文），它们都只是一种传播工具，不仅可以传递科学和哲学的信息，还可以传达宗教、道德观念，以及政治和经济等多方面的信息。因此仅仅将语文的工具性视为科学化这一思想并不是最全面的。此外，人文性并不是语文学科独有的性质，它还包含在政治、历史、公民、人文地理等学科中。因此如果人文性脱离了语文因素和语文学科，那么其就不是语文教育中真正需要的人文精神了。

思想范畴是一种能够反映事物本质联系的思维方式，如果缺少了这种本质的联系，工具性和人文性的争论可能会导致双方的焦点发生偏移。事实上，语文不仅是人们用于沟通的工具，同样也属于思想的范畴，因为它不仅能表达人们的感情、思想，还承载着一定的道理。需要注意的是，这里的思想范畴并不是政治思想，如果不这样狭隘地理解思想，那么语文具有的思想性就是合理的。语文的思想性与人文性相比，思想性的内涵更加丰富。语文既有工具性，又有思想性，并且这种性质的变化是由表及里的，"表"就是语言文字；"里"就是思想内容。通常情况下，一位成熟的作者或者读者，他们在理解语言文字包含的思想内容时，是同步进行的，两者是合二为一的，即读到相关文字就能明白其所蕴含的思想。而对于一位新手读者来说，这需要一个循序渐进的过程，需要先理解文字之后，才能明白其中蕴含的思想，因此是一个由表及里的过程。语言能够将思想表达出来，是思想的"物质外壳"。而常说的披文入情就是先理解并读懂语言后，才能进一步深入理解其中蕴含的思想感情。如《荷花淀》中，文章中描绘了夫妇间的对话交流，其中水生嫂向她的丈夫说："你总是很积极。"短短七个字，却蕴含着十分丰富的感情。一表达的是年轻妻子支持丈夫报名参军；二是年轻妻子对于丈夫未将参军这件事告诉自己而十分生气。看似简单易懂的七个字，如果未读懂这七个字蕴含着年轻妻子对丈夫的特有感情，那么即使是高中生也难以理解。因此，尽管文学作品能够传达出深沉的人文情感或展现出高尚的思想内涵，但对于那些没有基本的听、说、读、写语言能力，且不能有效地运用语言的人来说，他们可能无法深入理解其中的内涵与思想感情。

二、大学语文课程目的的定位

关于大学语文课程开设的目的和意义，教育部高等教育司已经在《大学语文教学大纲（征求意见稿）》中作了明确阐释。之所以在全日制高校中开设大学语文课程，其目的就是能够为社会主义现代化建设培养全能素质的高质量人才。通过将语文学科的人文性与工具性特点发挥出来，让语文学科课程能够满足现代人文科学和自然科学不断交汇和交融的需求。不难看出，大学语文教育应当在中学语文的基础上，努力为学生提供更为系统和完备的传统文化教育。同时应该综合培养学生的素质，充分利用语文教育的各种教育功能来加强学生的文学修养、语言修养、文化素养、人格品质和思维创新等。特别需要指出的是，大学语文教育并不是对高中语文教育的延伸，也不是简单地讲解字词句篇。而是在学生掌握原有语文知识的基础上，进一步从文学方面讲授语言，通过对中国文学作品的讲授，帮助并引导学生深入体验民族文学的独特魅力。我们追求的是让学生更深入地理解和探索丰富且富有生气的民族语言，并为民族文学注入其独有的魅力和特色，这不仅能让学生感受到汉语与其他语言的区别，还能让他们认识到汉语的卓越表现力。深入探究语言的演变历程以及如何通过语言表达能力来深入挖掘思想情感，将有助于学生更系统地了解提升语言和文化修养的重要性和实施途径，并进一步将语言技巧与写作能力转化成真实的语言素质，进而提高他们对语言的掌控与应用能力。

1996年4月，原国家教委高教司在全日制高校通用教材大学语文的《出版前言》中对大学语文的性质及任务作了这样的概括："大学语文课，是普通高校中面向文（汉语言文学专业除外）、理、工、农、医、财经、政法、外语、艺术、教育等各类专业学生开设的一门素质教育课程。课程设置的目的是培养学生汉语语言文学方面的阅读、欣赏、理解和表达能力。这是大学生文化素质的一个重要方面。在入学之后对普通高校的大学生进行大学语文水平测试，在毕业时进行大学语文合格测试，这是对大学生进行文化素质教育的一个较好方法。一些重点理工科大学，在这方面开展试点工作，取得了较好的效果。"[1] 徐中玉先生在该书《编写说明》中对大学语文的学科理论及教材的编写思路作了精辟阐述，集中体现了我国高等教育界具有远见卓识的专家对大学语文教育的关切与期望。

　　本书对于大学语文课程的任务和目的作出了以下大胆的设想。

　　在明确大学语文的性质之后，大学语文课程设置的目的就可以确定为：其一，深化汉语母语教育，提高阅读与写作水平；其二，进一步认识中国文学，提高欣赏水平；其三，提高民族自豪感与民族文化认同感；其四，强化语文教育的情感培养、人生引导作用，实现"人的全面发展"。

三、大学语文课程类型的定位

　　东南大学王步高教授在其所编写的大学语文序中写道："与素质教育相适应，高等学校的课程设置应含三部分：基础理论部分、专业知识与技能部分、人文素养部分。三部分相结合，才能培养出高素质的人才。"[2] 对于大学语文课程类型的定位，东南大学王步高教授认为"如同高等数学、大学物理是高等理工科的基础学科一样，大学语文应是整个高等教育的基础学科之一。"[3] 这种观点目前得到了广大大学语文教育专家的普遍认同，我们应当大力赞同这种观点，并请国家有关部门给大学语文课程的地位以"法"的保证，把大学语文作为"公共基础必修课"用红头文件的形式定下来。

---

[1] 徐中玉，齐森华，国家教委高教司. 大学语文 [M]. 上海：华东师范大学出版社，1996.
[2] 王步高，丁帆. 大学语文 简编本 [M]. 南京：南京大学出版社，2001.
[3] 王步高，丁帆. 大学语文 简编本 [M]. 南京：南京大学出版社，2001.

大学里的语文课程应当被视作一个基本和核心的教学课程。关于高等学校课程的分类，王步高教授已经对其进行了解释，他认为高等学校的课程应该分为三部分，即基础理论课、专业知识与技能课、人文素养课。而大学语文课程属于哪一类，每个学者都有不同的观点，有的学者认为它属于人文素养课，而有的学者则认为它属于基础理论课。在作者看来大学语文课程属于基础理论课。作为基础课程的大学语文，它应该在高校的每个专业中开设，包括文科、理科、工科等。此外，它应该在低年级开设，这样才能确保课程的课时是足够的。目前，在已经开设大学语文课程的高校中，可以看出它们的课时安排通常是 36 个课时或 54 个课时，这些课时的设置是不够学习大学语文课程的，并且也会导致老师和学生在这么短的时限内无法实现他们最初设定的教学目标。

　　大学语文课程还应该作为高校课程中的必修课。若将该课程设计为选修课，那么会出现有些学校不重视该课程的开设，而学生也会因为对这一课程不感兴趣而不选择，这些现象将会导致大学语文课程越来越边缘化。在当今时代，没有一个学生的语文素养可以优秀到不学习的地步，每个学生都应当致力于提升个人的语文使用能力和文学鉴赏力，并全身心地投入语文的学习中。鉴于现在的现实需求，高校有必要将大学语文课程设为必修课程。

四、大学语文课程定位的依据

（一）社会实际

　　虽然教育部高教司在《大学语文教学大纲（征求意见稿）》中提出了高校开设大学语文课程的目的，但是国家对于大学语文课程的定位比较模糊，只是提出了方向性的定位，因此在制订实际课程时，需要制订更加精细的规划。在最近的几年里，随着全国大学语文学会学术研讨会的成功开幕，对大学语文学科方向定义的讨论已经达到了一个前所未见的高度。并且人们对于大学语文学科的定位已经由原来的各执己见变为了统一共识。

　　大学语文的定位不仅应该与现实情况相契合，还应与现今时代的特色及全球大学语文革新趋势保持同步和协调。大学语文不仅标志着学生由高中走向了大学校园，还标志着大学母语教育和人文素质教育的起点。大学语文教学实际上就是母语教学，因此大学语文要重点提高学生的阅读与写作能力，还要教导学生有效的学习方法，从而培养并激发学生学习大学语文的兴趣和爱好。北京大学教授温儒敏曾明确提出，由于学生在中学阶段，受应试教育的影响，人文理论逐渐功利化，而大学语文应该将这一发展趋向重新扭转过来，从而让人文理论渐渐感性化。同时在大学语文教育中，教师应该引领学生阅读文学作品，从中思考、反思人生与自我。然而，高校开设的大学语文课程的教学仅有几十节课，这对于要实现这一教学目标无疑是一项充满挑战的工作。大学语文课程作为旨在加强母语文化的人文教育课程，深刻地体现了中国文学的核心精神。因此，在掌握语言文字的过程中，这门课程不仅会对学生的思维、情感、审美观点和生活价值观产生微妙但深远的影响，它还融合了语言、文学和文化的元素，旨在培养学生成为真正具备"文化底蕴"的中国公民。然而，大学的语文课程既不能简单地与思想政治课相提并论，也不能替代如历史和哲学这样的专业课程，因为大学语文课程具有其自身的独特性。

（二）学校类型

在现今社会的背景下，公众对于学生的期望日益增长。高等教育的根本目标并不是为学生未来的职业道路做好充分准备，而是专注于让他们成为合格的公民，让学生在高校的学习中，能够构建合理的知识架构。同时培养学生具备与社会需求一致的文化素养，以及确保他们具备在社会环境中站稳脚跟的基础素质和技巧。这意味着大学生在学习时，不仅需要掌握阅读理解、形象思维、口头沟通和写作等基础技巧，他们还需要培养创新思维、团队协作的精神，并且具备利用现代科技策略收集和处理信息的技巧。

大学语文不仅具有基础性，还具有人文性，也正是因为这两个独特的性质，在培养社会所需要的合格人才时十分具有优势。对于所有类型的高校来说，现在关注的重点应是如何确保能够高质量开设大学语文课程，而不是关注是否开设这一课程。由于学校类型的不同，其人才培养目标也是各不相同的，因此在大学语文课程的教学目标可以根据自己的实际情况来做调整。例如对于高职院校来说，由于其人才培养目标是培养高素质的劳动者，因此其大学语文课程的目标可以偏向基础性，以完善和提高学生的知识结构并增强他们的适应性。而作为一所普通本科教育体系的高校来说，其主要是培养高级专门人才，因此其大学语文课程的教学目标可以偏向审美性。因此在普通本科院校的大学语文教学中，可以围绕文学作品的评价和情感体悟进行教学，从而拓展学生的眼界，激起他们的情感共鸣，加强他们的文化知识，同时帮助他们提高审美鉴赏力。而研究型大学主要致力于培养具备顶尖专业技能和知识的人才，以满足国家的高标准需求。所以其大学语文教学应当更加注重文化性，因此其教学应该在学生已经掌握中学语文知识的基础上，进一步强调传承中华文化以及培育具备深厚文化修养的中国人的重要性。我们需要明确指出，大学语文课程里的所有性质都是相互交融的，如人文性、工具性、基础性、审美性等，并不存在独立的现象，并且也没有明确的层次划分。所以，教师在执行教学活动时，更应该深度地规划教学内容，并且还要有所侧重。之所以强调大学语文的教学目标应该根据学校的类型、人才培养目标来制订，是因为只有这样，才能推动教学改革，才能提高教学质量，并解决目前大学语文课程中不够实际的问题。

（三）学生实际

教学这一活动，既有教师的教，又有学生的学。教学的主要目的是提高学生的积极性，因此大学语文教学应该在这一目的的基础上，从学生的实际情况出发，有针对性地教学。这是因为学校类型的不同，入学学生的文化基础也是各不相同的，甚至同一所学校的学生，由于专业的不同，其语文水平也会有所差异。所以为了能实现教学的目的，应该从学生的实际情况出发进行教学。但现实情况却是，教师由于教学时间的不足，加上自身能力也十分有限，这使得教师难以从学生的基础和专业需求出发进行教学。有研究者提议，可以将大学语文按照英语和计算机技术水平标准的要求进行划分，将其划分为初级、中级、高级三个级别的水平。让学生参加测试，根据学生的测试结果可以将其划分为不同的标准。其中初级水平主要考查学生掌握及运用汉语的基础操作能力。高级水平则考查的是学生对中国人文知识的认知和掌握程度。基于学生的语文考试表现，可以把大学语文的课程分为三个层次：初级、中级和高级。学生可以根据自己的语文水平来选择适合自己的大学语文课程。因此，在教育教学中，教育者应当依据学生的才能和需求来挑选合适的课程内容，这是唤起他们学习兴趣的关键因素。

第二节 大学语文课程建设现状

一、大学语文课程的开设现状

在高校教育体系中，大学语文是一门十分重要的课程，当前全国的各大高校已经普遍开设了大学语文课程。关于该课程的开设，其主要集中在大一与大二的上半年，但多数学校只是开设一个学期的课程。大约有80%的高校将大学语文作为一门公共必修课，其每周的教学时长大约是2个课时，课程的学分主要在2—3.5学分区域。从学校对大学语文课程教学的安排上来看，在极短的授课时间内，学生很难学到真正有用的知识，并且也难以领悟大学语文的精神，从而也难以培养学生的人文精神、提高学生的审美情趣和写作能力。

在大学语文课程的设置上，学习内容多以教材为依据进行组织，很多学校在讲授大学语文课程时，都是从教材上选择一部分内容进行讲解，仅有少量内容由师生进行补充。并且从学生对大学语文的教学内容评价来看，多数学生都不满意现在的教学内容，并且认为教学内容过于枯燥、陈旧，这使得学生逐渐失去对大学语文学习的兴趣。另外，由于国家没有对大学语文课程的教学大纲进行统一，这使得当前大学语文的教材既有统编，也有自编，没有统一的语文教材使其出现了混乱，并且在这种情况下，教师不知道应该向学生讲授哪些内容。因此，在制订高校语文的课程结构时，最核心的环节就是确立一个广泛适用且具备指导价值的教材大纲，同时还要特别强调对教材的撰写和完善。

二、师生对大学语文课程的认识现状

（一）大学语文教师的认识现状

随着大学语文逐渐受到国家的重视与关注，大学语文教师也对这一课程的重要性有了新的认知。并且还有部分教师提出了建议，他们认为大学生的文化基础课程应当明确地确立几个核心的公共必修课程，其中，大学语文课程应当是最核心的课程。另外，关于大学语文应该培养学生哪方面的素质和能力，教师们有着

不同的观点，有少数教师认为应该注重大学语文的人文性，注重学生在文学方面的修养，在扩充人文知识内容的同时，培养学生的人文关怀；而大部分教师则认为应该注重学生的阅读与写作能力，进而提高学生的理解、鉴赏与表达能力，从而传承与弘扬中华民族的优秀语言文化。由此可以看出，当前大学语文出现了重视工具性，而忽略了人文性的现象。

此外，学生的专业与大学语文之间的关系是否紧密，也是大学语文十分重视的一点。以中医学这一专业为例，这一专业中的大学语文教学重视中国传统文化，并且还十分注重培养学生的文化素养。而在工科院校中，由于工科学生重视对专业的钻研与学习，因此他们的语文素养比较薄弱，并且由于大学语文的教学内容比较枯燥，这使得工科学生对其学习兴趣并不高。因此对于工科的学生来说，其大学语文教育应该注重基础性，目的是强化学生语文能力，注重培养学生阅读、鉴赏、理解、表达及口头与书面表达等能力。而在高职类院校中，由于该院校培养的学生是具有高素质的劳动者，因此，这一院校中的大学语文教育应该注重工具性，应该注重培养与社会需求相符合的人才。并且还要培养能适应岗位需求的"社会人""职业人"致力于发展学生交际、交流、语言表达及事务处理等实用写作能力。同时高职院校还应该注重综合性，促进学生全方位成长，指明学生职业道路，更加有效发挥语文学科道德培养、人格塑造、就业指导等功能。

在高校的语文教师群体中，很多教师都不清楚学校对大学语文课程的定位，但他们自己对这一课程的定位是十分明确的。教师认为大学语文课程就是"全校通识课""文化基础必修课""公共必修的核心课程""高等教育的必修课程""不可或缺的人文素质教育的一门课程"。大多数教师都高度重视大学语文课程，能够理解这门课程在大学生人文素养和实用性方面的重要作用。

在大学语文建设中遇到很多问题，很多教育工作者认为主要体现在以下几点：一是教材方面的问题。大学语文的教材内容大多与初高中的教材重复，并且教材老旧。同时由于大学语文没有统一的教学大纲，使得其教材的版本也出现了杂乱无章的现象。二是学校对语文教学的关注度不够高，并且逐渐被专业课和英语课教学取代了地位，同时由于对大学语文的重视度不够，使得其教学课时被大大缩减了，并且逐渐走向了边缘化，导致学生忽略了语文学习。三是在课程体系中，没有与高校学生实际情况相符合的大学语文教学大纲。如果没有一份大学语文教材大纲可以真正满足大学生的实际学习需求,那么各个学院和大学的语文教学也难以保证在一个清晰的教学原则之下开展教学。

(二)大学生的认识与态度现状

绝大多数学生普遍持有这样的观点,即大学语文的开设是极其必要的。他们普遍认为,这门课程对于全面提升自身素质起着关键作用。他们所坚持的理念强调,大学语文不仅是强调工具性和人文性的课程。更为核心的是,大学语文更侧重于弘扬人文精神,而非像中学语文那样过分侧重于对语文写作、实际应用及表达能力的培养和训练。而这一观点与教师注重大学语文的工具性存在冲突,这是在目前大学语文教育课程设计中,最需要重视并解决的问题。在高校阶段的语文课程里,大学生在中学阶段掌握的语文基础与能力对大学语文教育起着至关重要的作用,而这种能力和态度与他们在大学语文学习中的表现有着正向的相互关联。在高校大学语文课程教学中,绝大部分大学生对大学语文学科的兴趣并不浓厚,但他们的态度大多是中立的,既不太喜欢也不特别反感,但也有少数学生展现出了对大学语文学科的强烈厌恶感。另外在上大学语文课之前,绝大部分学生通常不会预习,或者仅仅是偶尔预习,相比于学习大学语文的时间,他们花在英语上的时间更长。

第三节 大学语文课程价值及实现

一、何为大学语文课程价值

大学语文课程可以简单理解为:语文教育的高级阶段。为了更加清楚地理解大学语文课程这一概念,我们首先要对"语文"这一耳熟能详却又说不清道不明的概念进行一个初步了解。

早在中华人民共和国成立之初,"语文"一词就被当作课程的名称来使用。1949年华北人民政府在选用中小学语文课本时,就选定了"语文"作为其课程名称。当时是受到了叶圣陶先生的影响。据记载,叶圣陶先生在其所著的《答腾万林信》中曾提到"彼时同人之意,以口头为'语',书面为'文',文本于语,不可偏指，故合而言之。"① 语文作为课程名称被官方固定下来是在全国统一语文课本《编辑大意》问世时确定的。在《编辑大意》里说出来的是语言，写出来的是文章，文章根据语言。"语"和"文"是分不开的。语文通常被人们理解为"语言文字"和"语言文学"，它不但是人们交流、学习、工作的基础工具，而且还是人们提高品行素质的重要工具。语文教育的目的不仅在于培养学习者的语文素养，还在于提高学习者的人文素质。

在高等教育阶段，语文教育就是指大学语文课程。我们可以从三个方面来界定大学语文课程：大学语文课程是面向高校中非汉语言文学专业学生开设的；大学语文课程是提高学生文化水平的课程；大学语文课程是提高学生素质的课程。

近年来，国内学者对课程价值的概念进行过较为深入的探讨。例如：靳玉乐、杨红根据马克思主义关于"价值"的论述提出："课程价值就是指课程满足主体一定需要的属性。"② 钱焕琦、王燕认为"课程价值是课程对个体和社会发展的意义，是对个体和社会一定需要的满足。"③

基于以上研究，本书认为：所谓课程价值，就是指课程能够满足主体人和社会的一定需要，即课程的存在、作用及其变化对一定主体需要及其发展的适应。简单来讲，课程的价值，就是课程对人和社会的意义。在现实教育活动中，一门课程的价值并不是单方面的，而是一个完整的系统。

由此可见，大学语文课程价值的概念就可以理解为大学语文课程对主体人（学生）和社会发展的意义。

二、大学语文课程的具体价值

大学语文课程作为我国高校的一门母语教育课程，具有重要的个体价值，对于学生思维能力、人文素质的提升具有重要意义。除此之外，大学语文课程还具有不容小觑的社会价值，社会价值的实现需要建立在学生个体价值实现的基础之上。大学语文课程的有效实施，对个人、集体乃至全社会都具有非比寻常的意义。

---

① 叶圣陶. 叶圣陶教育文集：3[M]. 北京：人民教育出版社，1994.
② 靳玉乐，杨红. 试论文化传统与课程价值取向[J]. 西南师范大学学报（哲学社会科学版），1997,（06）：62-67.
③ 钱焕琦，王燕. 教育伦理学研究对象的再思考[J]. 现代教育论丛，2004,（05）：1-4+21.

（一）对于社会的价值

1. 政治价值

大学语文课程的政治价值，指的是大学语文课程开展所带来的社会精神生产价值。大学语文课程内容涵盖范围十分广泛，其中包括非常丰富的政治思想。大学语文课程的实施，一直矢志不渝地坚持中国特色社会主义理论，将国家的需要和学生的发展连接在一起，使学生在语文学习中形成政治认同意识，逐步树立并内化正确的政治观点，从而为社会政治的持续、长远发展作出不可磨灭的贡献。

2. 经济价值

大学语文课程的经济价值，指的是大学语文课程的开展所带来的对人和社会在经济层面的意义，简单来说，就是对社会经济发展所带来的影响。对于社会经济发展而言，大学语文课程发挥的作用具有间接性的特点，它需要借助"劳动者"这一载体才能对社会经济的发展发挥间接作用。大学语文课程开展的终极目标在于塑造全面发展的人，而促进社会经济发展的主体也是人，从这一角度来看两者具有一致性。因此，大学语文课程通过塑造全面发展的人，人再通过参加各种各样的社会经济活动，进而间接体现大学语文课程的经济价值。

3. 文化价值

大学语文课程的文化价值，指的是大学语文课程的开展具有传承中华优秀传统文化的价值。我国传统文化有5000多年的历史，不仅博大精深，还兼容并蓄、和而不同。在过去漫长的岁月中，部分传统文化没有有效流传下来，而是遗失在历史长河之中，但值得庆幸的是绝大多数优秀传统文化都得到了完整的保留，这毋庸置疑要感谢每一个对文化传承有所贡献的先辈。不仅如此，教育也肩负着文化传承的重要使命，大学语文教育也不例外。

历代名篇佳作都是传统文化宝库中不可多得的珍宝，作品中蕴含着"路漫漫其修远兮，吾将上下而求索"的宽广胸怀；蕴含着"安能摧眉折腰事权贵，使我不得开心颜"的崇高精神；蕴含着"待到山花烂漫时，她在丛中笑"的傲然之气；蕴含着"出师一表真名世，千载谁堪伯仲间"的爱国热情。总之，开展大学语文课程，不仅能帮助学生认识和了解我国历代的传统文化和传统美德，还能很好地净化和提高学生的思想境界。通过一代又一代的大学生对语文课程的学习，势必能将中华优秀传统文化世世代代流传下去。

4. 生态价值

21世纪是生态文明的世纪,生态环境与每个人息息相关,其重要性不言而喻。随着全球变暖、土地荒漠化、臭氧层破坏等一系列生态问题的出现,再加之地震、泥石流、海啸等各种自然灾害的频发,人们必须要认识到保护生态环境的必要性和重要性,由此也就出现了生态教育理念。而大学语文作为一门人文素质教育课程,它的教学宗旨与生态教育的理念也是相同的。

(1)大学语文课程能够培养学生尊重自然的意识,引导学生树立正确的生态观

早在古代,很多思想家就对天地、自然怀有无限尊重的态度,如庄子提倡以"自然"为核心,老子提出"人法地,地法天,天法道,道法自然"[①]的观点,这都体现了崇尚自然的思想,他们倡导在处理人与自然关系时应该坚持"天人合一"的基本法则。在诗人的笔下,自然界是五彩斑斓、生机盎然、其乐融融的,是具有灵性的,更是永恒的。一首《春江花月夜》,诗人赋予了明月、潮水、夜空、花林、白云、沙滩等物体鲜活的生命,勾勒出一幅幽美邈远、惝恍迷离的春江月夜图,营造了一个神话般美妙的境界,使读者深刻感受到自然的魅力和活力,体会到自然存在的本位价值。

(2)大学语文课程能够培养学生对自然界的热爱,促使学生自觉践行环保行为

文学作品中蕴含着作者对生命的顿悟,也浸润了作者的真情实感。初唐诗人骆宾王于7岁时创作了《鹅》这首五言古诗,生动形象地描写了鹅这一自然动物的动作、外形、体态,表达了作者对鹅的喜爱之情,同时也成就了《鹅》这首诗,使其能够流传至今,令大家耳熟能详。大学语文课程能够发挥在教育资源方面的优势,采用独有的声情并茂的教学内容和方式,培养学生对大自然的喜爱之情,并内化为生态观念、价值观,从而投身于保护生态环境的社会实践中。

作为新时代中国特色社会主义的接班人,大学生必须将生态观念应用到实际中,将中国建设成富强、民主、文明、和谐、美丽的社会主义现代化强国。因此,大学语文课程的生态价值是有目共睹的。

---

① 李聃.道德经[M].西安:三秦出版社,2018.

（二）对于个体的价值

1. 提升语文素养

语文课程的基本任务在于帮助学生形成良好的听、说、读、写的能力。中小学教育阶段的语文课程以培养学生听、说能力为主，高等教育阶段的语文课程以培养学生读、写能力为主，即阅读能力、写作能力，同时也重视学生语言表达能力的培养。

（1）培养学生的阅读能力

阅读是大学生扩充知识储备库、开阔视野的主要途径。阅读由一系列过程和行为共同组合而成，学习阅读的过程就是学习如何从所阅读的材料中有效、准确地提取出有价值的信息的过程。大学语文课程是高等院校开设的大学语文课，应当积极肩负起培养大学生阅读能力的使命。相比于中学教育阶段，高等教育阶段的语文教材在内容的呈现上更加丰富，包括不同年代以及国内外各种体裁的高质量文学作品，篇目数量有了极大的提升，无形之中扩展了学生的阅读视野。

在日新月异的信息化时代，知识更迭速度不断加快，各种报纸、书籍、电子信息等让人目不暇接，一个人要想在短时间内快速获取更多的新信息，阅读是主要途径之一。大学语文课程的设计不仅旨在全方位和系统性地教授学生文学方面的知识，同时也需传授给他们科学而高效的阅读技巧，以激发对阅读的热情，并逐渐增强他们的阅读技能，进一步培养他们优秀的阅读习惯。我们在阅读时不能仅停留在浅尝辄止的浏览，还应追求有目的、研究性、思考性地阅读。通过深入阅读，学生可以进一步洞察文献的深层次意思，并能基于这个认识对文章形成独特而深刻的解读。

（2）培养学生的写作能力

中小学语文教学十分重视对学生写作能力的培养，而到了高中阶段，其语文课程的教学则十分重视对学生写作能力的训练。因此，有一部分人认为到了高校阶段，语文教学就可以不用培养与重视学生的写作能力，其实这种观点是错误的。因为在大学语文教学中，其面对的教学对象并非都是中文专业的学生，并且还有部分学生的写作能力较低，写作困难是高校中常见的现象。无论是实验报告还是开题报告、论文写作，这些大学学习中必不可少的内容都要求大学生具备一定的写作能力，所以写作是大学生生活、学习的重要环节。写作能力的培养不仅仅是大学语文教学本身的主要任务，更是大学生未来生活和工作的基础，任何行业、领域的职业都需要从业者掌握一定的写作技巧，这是一项从业者顺利完成各项工作任务的基本技能。要想提升学生的写作能力，就需要重视对学生的平时训练。在大学语文教学中，教师在向学生传授应用文的写作基础知识时，应该有目的、有步骤、有重点地教授，并重点加强对学生的写作实践指导，从而提升学生写作的规范性，实现理论与实践相结合。

（3）培养学生的语言表达能力

语言表达能力是人们参加各种社会交往活动所必备的一项基本技能，对于社会发展具有非常重要的作用。口才是语言表达能力的一种体现，唯美的语言是对自身素质的一种体现，主要取决于后天的教育和学习。人如果无法正确、有效地运用语言，将很难生存在社会这个大集体中，发展更是无从谈起。实际上，之所以训练学生的语言表达能力，主要目的就是让学生在语言表达时，能够用词准确、观点明确、语意明晰。教师在大学语文教学中，应该帮助学生了解语言表达的规律，不仅要让学生明白语言的风格特点，也要让学生体会到语言的表现力。单纯依靠教师的理论讲授，难以保证语言表达能力的训练取得显著的成果，因此，教师要善于开发多样化的训练途径。比如，第一，设置差异化题目，提高学生语言表达的积极性。在学生回答问题时，应该让学生的表达言简意赅，同时还要条理清晰。第二，从教学内容出发，教师可以根据内容来拟定相关话题，从而引导并积极鼓励学生发表自己的观点。第三，组织系列主题演讲，教师可以根据学生喜爱的主题或作品引导学生进行演讲，从而锻炼学生的口语表达能力，在演讲结束后，由教师和其他同学进行点评。第四，组织情景剧表演，要求学生以小组为单位，采用自导自演的方式，提高课堂活跃度，调动学生课堂学习的参与度，让学生在轻松、愉悦的氛围中提高语言表达能力。基于教学目标的指导，教师应对学生的语言表达能力进行有目的地培养，允许学生自由选择表达方式，自如地表达所思、所想、所感，在丰富的情境下充满自信地听和说。

2. 提高思维能力

（1）培养学生的批判性思维能力

任何一部文学作品的创造都有其自身的背景和立足点，都在一定程度上反映了当时的社会背景和作者的思想情感，呈现出很多极具批判性的观点。诸如鲁迅通过《孔乙己》批判了封建社会的腐朽与落后，同时辛辣地讽刺了咸亨酒店里看客的冷漠与麻木；鲁迅还借助《阿Q正传》深刻批判了国民的"精神胜利法"；曹禺利用《雷雨》揭露了旧中国旧家庭和社会的种种罪恶。

除了上述所列举的优秀文学作品，还有很多文学作品都富有强烈的批判精神，可以说，大学语文课程向学生呈现了一个千头万绪、盘根错节、鱼龙混杂、丰富而真实的现实世界。大学生通过语文课程的学习，能够更全面、充分地了解现实世界的善、恶、美、丑，形成独到、犀利、耳目一新的见解，不盲目相信权威，而是善于用审视的眼光看待问题，逐步形成独立、批判的思维方式，正确分辨和看待现实世界中的善与恶、美与丑、真与假。

（2）培养学生的创新思维能力

在知识大爆炸的时代，创造性活动是不可或缺的，要想顺利开展创造性活动，首先要具备良好的创新意识。创新意识是创新能力提升的重要前提。从某种程度上来看，创新能力是衡量一个国家发展能力的关键指标。对于大学生来说，必须具备一定的创新意识和创新能力，否则将难以较好地完成专业论文、参加创新创业大赛等。

高校作为培育创造性人才的摇篮，对国家创新体系的建设具有积极的促进作用。大学语文课程教材中的主要篇目是经典文学作品，而这类作品有一个显著特点，即天马行空。作者通过充分发挥想象力，能够利用文字创造出不存在于世界上的事物和意象，从而更好地体现出中心思想和情感主旨。以长篇神魔小说《西游记》为例，这是一部充满丰富、奇特想象力的文学巨典。作者讲述了唐僧师徒四人战胜重重难关，共破九九八十一难，顺利抵达西天取得真经的故事。作者塑造了一个智勇双全、神通广大、斩妖除魔的孙悟空形象，将其刻画成拥有72般变化、宁死不屈、敢于和黑暗势力做斗争的"神猴"。这恰恰反映了人们的理想和要求，表现出人民迎难而上的必胜信念。这些都是作者为了反映真实、复杂、丰富的社会现实而想象的艺术形象，给人们留下了无限想象的空间。

文学作品的创作需要丰富的想象力和虚构能力，而想象力是创新意识和创新能力形成和发展的重要前提和基础。因此，引导学生阅读和学习文学作品，不仅能丰富学生的想象力，还能使学生的创新意识和创新能力在不知不觉中得到有效培养和提升。

3. 提高人文素养

大学语文教学内容不仅包括中国几千年来积累的名著与名篇，如《迢迢牵牛星》《行路难》《移居二首》《浪淘沙》《有所思》《饮中八仙歌》《我爱这土地》《谏逐客书》《张中丞传后叙》《赤壁赋》《洛神赋》《桨声灯影里的秦淮河》等，还包括很多国外著名的文学作品，如《西风颂》《红红的玫瑰》《欢乐颂》《财神与爱神》《老人与海》《苦恼》《给青年的忠告》等。这些古今中外浩如烟海的经典名著，不仅记录了社会生活的方方面面，还蕴含着人类的喜怒哀乐、悲欢离合、爱恨嗔痴。学习这些佳作美文，不仅能丰富学生的语言知识，还能帮助学生积累更多文学知识、历史知识、哲学知识、艺术知识等，以及积累更多古今中外人文领域的基本知识和成果，提高学生的人文素养。

（1）提高学生的道德水平

在大学语文教学中，利用古今中外优秀、经典的文学作品，引导学生分析作者和作品中人物的性格，感悟作品表达的真挚、健康的思想情感和博大精深的理性智慧，让学生的思想和情感在潜移默化中得到影响和改变，逐步提升学生的道德水平，促进学生对生活、社会、人生的思考，并沉淀为精神世界最本质、最深层的东西，即正确的世界观、人生观、价值观。如孟子提出的"老吾老，以及人之老；幼吾幼，以及人之幼"[1]，体现了尊老爱幼的思想，能够洗礼学生的精神，提升学生的道德水平，最终使学生萌生出对中华优秀传统文化的热爱之情。

（2）提高学生的心理素质

最近几年，各行各业竞争愈演愈烈，对于即将走向社会的大学生群体而言，他们面临着来自生活、学习、工作等方面的巨大压力。大学生犯罪案件时有发生。这警示人们大学生心理问题日益突出，必须高度重视大学生的心理健康。

大学语文课程作为高校教育课程体系的一部分，在日常教学中可以潜移默化地影响学生的心理。大学语文课程使用的教材以古今中外优秀文学作品为主，利用作品中隐藏的伟大精神和品格来影响学生，可以帮助学生更加顺利地完成人生转型。《论语》中"己所不欲，勿施于人"，教导和启发人们在生活中要尊重他人，不要强求他人做不愿意做的任何事。中国当代作家史铁生通过创作《我与地坛》这篇散文，根据自己的亲身经历和感悟，启发人们在面对生活中的各种挫折和困

---

[1] 孟子. 孟子 [M]. 哈尔滨：北方文艺出版社，2019.

难时，要顽强地活下去，还要活出更大的意义和价值。由此可见，大学语文课程能够在循循善诱中影响学生的心理，提高学生的心理素质。

三、实现大学语文课程价值的途径

（一）联通基础教育，培养学生语文兴趣

兴趣是最好的教师。一般来说，学生在感兴趣的事情上都会做得比较好。基础教育阶段是学生学习的重要阶段，学生的兴趣爱好、个性特长都会在这个阶段奠定扎实的基础。所以，基础教育阶段不能一味地追求学生的学习成绩，而应该注重培养学生的学习兴趣，为学生将来的学习打下良好的基础。语文的学习也是同样的道理。基础教育阶段应注重培养学生学习语文的兴趣。

首先，应该让学生在学习过程中了解学习语文的重要意义。在基础教育阶段，语文的学习不仅仅是为了提高成绩，更重要的是培养学生的综合素质。语文作为学校进行母语教育的重要途径，对于学生的成长和发展有着至关重要的作用。如果一个人连自己的母语都学不好，那将来又如何在社会上生存？其次，学校也应该顺应时代潮流的发展，将先进的教学理念贯彻到语文教学活动中。作为学校，不能固步自封，而要敢于创新，敢于尝试。如四川省眉山师范附属小学就大胆创新。为了给学生减负，留出充足的时间进行课外阅读和课外知识的学习，其中一位教师坚持18年不给学生留作业，而另一位教师则大胆地取消了期末考试。结果却出人意料，经过三年的努力，学校在小升初考试中取得了非常好的成果。由此可见，学校教育如果能够大胆地尝试新的教学模式，对于提高学生学习语文的兴趣也大有裨益。最后，作为教学工作的直接参与者和引导者，教师应努力提高自身素质，形成自己独特的教学风格，在实际教学工作中引导学生提高学习语文的兴趣。

如果在基础教育阶段就培养学生对学习语文的浓厚兴趣，那对于将来大学语文课程的学习无疑是打下了一个坚实的基础。这样就有可能更好地实现大学语文课程的价值了。

（二）加强语文教育理论建设

为了使大学语文教学实践能够更好更快地发展，国家相关部门和各高校都应

该大力支持大学语文课程的理论研究工作，充分发挥学术咨询机构和学术团体的指导作用。一方面，教育部中文学科教学指导委员会应该加强对大学语文课程研究的重视和关注。要积极组织和设立关于大学语文课程研究的学术团体或协会，形成专业研究团队，定期开展关于大学语文课程的研讨会，从而逐渐加强大学语文课程的理论建设。另一方面，各高校也应提高对大学语文课程的重视，在学校内部设立专门的大学语文课程研究组。研究组应根据学校自身的实际情况，制订一套适合自己学校的大学语文教学大纲，从而指导大学语文课程向更好的方向发展。同时，各高校也不能固步自封，关起门来自己搞研究，而应该积极进行校际间的交流与合作。通过对其他高校教学经验的学习和研究，改进自己的教学方案，从而使大学语文课程实现更好的发展。

（三）打造强大师资力量

为了保证大学语文课程的教学质量，建设一支强大、稳定、高质量的师资队伍是非常有必要的。这主要应从以下两方面着手。

一方面，要增强教师队伍的稳定性。教育心理学研究表明，学生对新教师都要有一个适应的过程，如果一门课程总是更换新教师，学生的学习将无法正常高效地进行，甚至有可能对这门课程产生抵触情绪。由此可见，大学语文课程必须建立一支稳定的教师队伍。

武汉地区大学语文研究会与湖北省大学语文研究会联合全国大学语文教师的全国范围《大学语文课程现状问卷调查》表明：大学语文课程的教师队伍存在不稳定性的主要原因在于大学语文教师在高校中普遍处于弱势地位。无论是薪酬待遇、科研状况，还是发展空间，大学语文教师都无法与大学英语教师、专业课教师相匹敌。因此使得大学语文教师在无形中"低人一等"，教师也就无心再留恋大学语文课程这块"贫瘠之地"，从而导致了教师队伍的不稳定性。为了扭转这一不良趋势，高校应努力提升大学语文教师的地位。不仅要提高大学语文教师的福利待遇，还应设立专门的大学语文研究室，为大学语文教师的教学以及科研工作的进行提供良好的、稳定的平台。

另一方面，提高教师队伍的综合素质。大学语文课程的重要性和独特性决定了它对任课教师的高要求：大学语文涉及的内容非常广泛，要求任课教师要博闻强识，不仅要对文学知识了如指掌，还应对哲学、历史学、文化学等知识领域有所了解，这样才能在教学时不仅仅局限于文学知识的讲授，还能开阔学生的视野，增强其学习兴趣；大学语文课程的人文性又要求任课教师必须加强其政治思想修养和道德品质修养。大学语文课程本身是一门培养大学生人文素质的基础课程，任课教师自身的人生观、价值观和道德情操都会对学生产生潜移默化的影响。所谓"正人先正己"，只有大学语文教师本身就具有科学的人生观、健康的价值观和高尚的道德情操，才能正确地引导学生向好的方向发展，最终实现大学语文课程的价值。

为了优化大学语文教师队伍，高校可以从两个方面进行改进：第一，聘请专业的、高水平的学者担任大学语文教学工作。北京大学、北京师范大学在这方面做得就很成功。北京大学在恢复大学语文课时，就聘请了钱理群、王瑶等知名学者讲授大学语文课；北京师范大学联合了五位知名教授讲授大学语文课，采取"一教师一专题"的方式，取得了非常好的效果。这主要是因为知名学者在大学语文的研究领域已经有了很高的造诣，丰富的学识、诙谐的语言，以及独特的教学风格和个人魅力足以让学生醉心于大学语文的学习当中。当然，并不是所有的高校都有条件吸纳高水平的人才，面对这样的情况，高校也可以挑选本校中经验丰富且学术水平较高的教师担任大学语文教学工作。第二，鼓励已经从事大学语文教学的教师，把名师作为自己学习的榜样和奋斗的目标。大学语文教师应严于律己，努力掌握深厚坚实的专业知识，提高自身综合素质，争取成为一名优秀的大学语文教师。

（四）规范大学语文课程教材

为了使大学语文课程实现其育人价值，让学生在有限的时间里获得最大的收获，尽可能地提高其人文素养，选择一本优秀的教材无疑是非常重要的。本书认为大学语文课程教材的选编应注重以下几点。

第一，全面性。中国文学历史悠久，名家名作甚多，将其全部编入大学语文教材自然是不可取的，所以要有选择地进行编入。一般教材都重古代轻现当代，阻碍了学生对各个时代精神的了解和认识，忽视了现当代文学精神对学生的教育作用。因此，教材的编写应顾全大局，选取各个时代具有代表性的优秀作品，使学生对我国文学史有一个全面的了解。选文以本国作品为主，但绝不能完全忽略外国优秀作品。好的教材应该做到中外汇通，兼收并蓄。

第二，归类性。大学语文教材的编写不能仅仅按照文学时代先后进行编写，而应在此基础上，根据题材及主旨将文学作品进行分类编写。如徐中玉、齐森华主编的《大学语文（增订本）》中将所有作品分为十类，即"品格·胸怀""为政·爱国""社会·民生""人生·世态""亲情·人性""爱情·婚姻""传记·逸事""怀古·咏史""写景·记游""论文·品艺"。这样编写的好处在于能使教师和学生对教材有一个整体性的把握，从而更加便于教学工作的开展。同时，学生在每个单元的学习中都能获得不同的情感体验，对于阅读和写作能力的提升也大有裨益。

第三，大容量。一本好的大学语文教材应该选编较多的篇目，这样既可拓展学生的知识面，又给教师的讲授留下较大余地。

第四，启发性。大学语文教材应该选择一些充满争议性的文学作品，让学生在学习和讨论的过程中各抒己见，从而克服一贯的思维局限性，从多层次、多角度出发来思考问题。这样，学生在增长知识的同时，也增强了独立思考的能力。

第四节 大学语文课程与互联网整合

一、相关概念

（一）教学中整合的概念

在教育教学中，整合就是将教育学、心理学和教育技术学等理论的教学资源和要素进行结合，并且这一整合需要运用系统科学的方法。同时在这一整合过程中，还要协调和平衡教师、学生、教育内容和教学工具之间的相互作用，确保教学系统的统一与和谐，以达到更好的教学效果。由于网络技术具有开放性、自主性、交互性、协作性、研究性等特点，因此整合的目的就是将互联网与网络技术的特点充分在学习过程中发挥出来，从而提升教学水平，推动互联网与课程及学科教学的深度交融，帮助教师在相关理论的指导下，更有效地进行教学活动，从而提高大学生的学习水平。

（二）"课程整合"的概念

在理论层面上，课程整合指的是通过综合考量课程设置、教学目标、教学设计和教学评估等方面的因素，并从整体性、联系性和辩证性的视角来探讨和分析教育过程中各种教育要素之间的关联。狭义的课程整合通常指的是，只考虑各门课程之间的有机联系，并将这些课程进行综合化处理。而广义上的课程整合指的是在保持课程设置名称不变的前提下，调整相关课程目标、教学内容和操作步骤（如例题和练习）、学习方式等课程要素，让它们相互融合和互相补充。

（三）"互联网与课程整合"的概念

互联网与课程整合指的是两方面内容，一是互联网与其他学科的整合；二是指在其他所有学科的教学过程中，将互联网"整合"其中。具体关于互联网与课程整合这一概念，由于不同领域的研究与实践人员在研究这一问题时，出发点不同，因此对于这一概念的界定也是各不相同的。

对于互联网与课程整合这一概念，有学者认为互联网以工具的形式与课程进行融合，进而促进学生的学习。还有的学者认为是将互联网融入课程教学系统的各个要素之中，如教学工具、教材等，进而使互联网成为教师的教学工具、重要的教材形态，以及使之成为主要的教学媒体，并在教学中发挥重要作用。

有学者指出，互联网与课程整合的本质与内涵就是为了使计算机及网络能够引领学生进行自主学习，激发其学习热情，此外，需要在先进的教育思想、理论，特别是主导—主体教学理论的指导下，创造出丰富的教学环境，将这些工具融入各个学科的教学中。使各个教学要素与教学环节通过整合、组合和融合，优化教学过程，带动传统教学模式的变革，以期达到培养学生创新精神和实践能力的目的。

当前，整合互联网和课程已成为互联网教育普及的焦点之一，一些学者认为这是推动教育信息化的关键突破口。在2000年的10月份，陈至立提出，除了开设独立的互联网课程外，还应该积极推动互联网与其他学科教学的结合，鼓励在各个学科的教学中普遍采用互联网工具，并将互联网教育融入其他学科的学习过程中。各地应该努力创造条件，逐步促进多媒体教学在所有教室中得到普及。为了更有效地推动我国教育和教学的发展，就必须让众多的教师和教育从业者深入理解互联网与课程整合的核心理念和意义。

可见，互联网与课程的整合就是指在先进教育思想和理论的指导下，将互联网与网络技术融合到各个学科的教学过程中，从而推动教学模式的改革，调整学生的学习方式，变革教师的教学方式，优化师生之间的互动方式。同时互联网与课程的整合，还能为学生创造多元化的学习环境，通过互联网学生能够认知、探索与解决问题，这极大地培养了学生自主学习和解决问题的能力，从而不仅提升了学生的学习水平和效率，还推动了传统教育模式的改革。

二、大学语文课程与互联网整合的形式

（一）以互联网为学习对象

随着互联网的快速发展，高校逐渐认识到将互联网与课程整合的重要性。目前高校不仅开设了信息网络技术课程，还将大学语文知识融入其中，并且这一点已经被许多高校重视起来，并在积极落实。例如，在学习信息网络技术课程中的汉字输入时，可以将拼音与组词练习相结合；使用搜索引擎搜集内容时，可以与语文学科的专题信息练习相结合；学习绘图软件时，可以将几何知识与美术知识相结合。无论如何，信息网络技术课程与各个学科的课程都有着良好的整合切入点，通过这一整合切入点能够为学生提供一个综合运用各学科知识的平台。这种整合方式主要侧重于信息网络技术的学习，因此对其他学科只是附带而非重点，因此无法对各学科进行系统的教学设计。

（二）以互联网为教学辅助工具

以互联网为教学辅助工具就是指在教学中，教师将互联网运用其中，并充分将互联网的优势发挥出来。在这种方式中，"情境—探究"模式是最常用的模式，这种模式的核心理念是构造特殊的大学语文教学环境，促进学生通过独立思考来更深入理解语文知识，提升运用语文知识发现、分析和解决问题的能力，同时在这一过程中培养个人的人文素养，优化情感、态度和价值观。

（三）以互联网为学习认知工具

正是互联网独特的优势，使其能够在大学语文课程学习内容和学习资源中成为学习认知的工具，如互联网不仅能够成为自我评测和学习反馈的工具，还能成

为情境探究和发现学习的工具；不仅能够成为知识构建和创作实践的工具，还能成为协商学习和交流讨论的通信工具。无论互联网在学习中扮演着哪一种类型的工具，其都需要大学生自主选择并使用，以实现其学习的目的。互联网作为认知工具，由于其应用环境的不同，又可分为不同的学习模式，即基于建构主义的自主学习模式、基于网络的语文研究性学习模式、基于互联网的校际远程协作学习模式、基于专题研究的开发型学习模式等。

三、大学语文课程与互联网整合的路径

（一）与教学环节整合

1. 借助互联网提高备课质量

互联网还可以应用到备课这一环节中，在备课中可以充分利用互联网资源，通过搜集与大学语文教学相关的资料，如诗歌、散文、戏剧等，结合学科特点和学生需求，在课堂教学设计中加以运用。通过网络平台展示自己整理的资料，包括幻灯片等形式，同时也能在线共享与大学语文教学相关的内容。

2. 借助互联网辅助课堂教学

大学语文课堂讲授就是指教师将语文知识传授给高校学生的整个互动过程。在传统的教学模式下，语文教学只是单纯的知识灌输，学生被动学习知识，这导致学生的学习积极并不高，甚至会厌烦学习，进而使得教学效果受到极大影响。但是，随着将互联网整合到大学语文课程之中，互联网丰富了大学语文的教学方式，同时教师也可以根据多样化的多媒体和网络形式进行教学，帮助学生学习字词、深入理解语言、分析文章，从而不仅能大幅提升教学效率和水平，还能激发学生的学习兴趣。例如，在学习古代文学方面的内容时，由于这是现代生活中不常使用的语言，并且也没有相应的语言环境。这时要想让学生更加清晰地了解这一内容，就需要教师引导学生利用互联网来搜集相关的古代文化内容与图片，以此来加深学生的印象，从而为后续的古代文化学习奠定良好的基础。并且这一通过互联网来搜集相关资料的过程，可以培养学生在遇到问题时，自己解决、主动学习的能力。另外，为了增强高校学生对诗词内容的理解，可以通过提高他们的口头表达和想象能力，从而帮助他们创设相关情境。通过多种互联网应用表现手

法，不仅缓解了高校学生学习的压力，而且极大地增强了高校学生的学习成效，从而解决了教学难点。

3. 利用互联网开发第二课堂

这里的第二课堂是指在大学语文课程之外为学生提供的学习机会，旨在拓展课堂教学所带来的学习成果。常常包括辩论、专题研究等形式，可以让学生在课外拓展知识。网络课题式学习是目前最受重视的方式，主要是将现代互联网技术应用于教学活动中。高校学生的学习内容在被分成了特定的学习模块后，他们可以自主选择合适的主题，在互联网资源中查找问题和答案。在这一过程中，高校学生是自主学习者，他们通过积极主动的方式去探索知识，这不仅帮助他们养成了自己寻找资源解决问题的态度和方法，使学习过程更加有趣和生动，同时也使他们更容易深刻理解和记住自主学习的知识，从而更好地开展第二课堂学习活动。

4. 利用互联网获得评估反馈

评估指的是在课程内容学习结束之后，学生对教师的教学方面进行评价的活动。评估主要有实施过程的评价和评估结果。评估方法主要有分析图表、使用软件统计数据等形式，根据这些评估得到的数据，教师可以相应调整教学内容与进度，从而达到良好的教学效果。

（二）与教学方法整合

1. 多模态呈现文本内容

大学语文新教材包含了许多兼具优美内涵和高质量的经典作品。品味欣赏这些古今中外的诗文作品，高质量地朗诵，是最直观、最有效的途径，要比沉闷枯燥的分析阐释更具价值。如果在这一时刻，为文本搭配适当的声音和图像将会使情感和氛围得以充分展现，进而更深刻地感知文本的深意和美感。在这种优美而富有诗意的教学环境中，高校学生将逐渐培养出更高的文化素养和审美能力。

2. 全方位整合教学资源

现代互联网的出现，使教师能够通过多媒体将资料分享给学生，并且学生也能从互联网中搜集到自己想要了解的信息，例如作家的作品介绍、时代背景、写作情况等，这一现象改变了以往只有教师掌握资料的局面。学生通过互联网了解作品的背景等资料，这不仅能加深学生对作品的理解，还能培养学生主动学习、勤学好问、主动钻研的科学精神。

3. 创造联想意境

语文的意境主要是借助文字来体现的，而文字又是对现实生活的反映，为了展示文字和实物之间的联系，需要使用各种艺术手段将文字转化为具体事物，从而激发大学生的思维。小说家通过文字来展现人物的语言、行动和内心世界，这时候教师可以通过多媒体播放演员的表演来生动地呈现这些特征。马致远通过"枯藤老树昏鸦"的语言表达，生动地描绘了秋天的景象，教师可以利用多媒体展示图像或音乐来呈现这种美感。通过将文字转化为实际物体，可以让学生更加直观地理解。通过多种艺术联想和转换，不仅可以丰富教学场景，还可以提高教学效果。

4. 丰富互动渠道

在现代互联网的众多特征中，最重要的特征就是交互性。由于多媒体和网络的使用，使得教学更加便捷、有效。不仅拓宽了学生之间的交流渠道，还打破了传统课堂对教学的限制，使教师与学生能够突破时空的限制实现随时随地的交流。另外，由于不受时空的限制，师生之间的交流与信息反馈也更加及时，从而便于教学的调控，最终实现交流与合作的相互促进与相互影响。并且也正是由于多媒体和网络的使用，使得小组活动和班级活动的组织更加快速。

（三）与教学内容整合

1. 与阅读教学整合

在进行教学时，实现教学目标的关键在于确保每位学生都积极投入到学习中。在网上，大学生有足够的空闲时间来主动查找与学习相关信息，进行深入思考并与他人交流讨论。他们具备探索不同假设和努力验证的能力，在导师指导下积极探索新领域，促使学习更具互动性和参与性，形成一个"发现问题、积极探究、追求创新"的学习模式，从而提升教学质量。

2. 与写作教学的整合

教授写作一直是大学语文教学的一大挑战。引入互联网改变了传统的写作教学方式，带来了"双主作文教学模式"，强调了教师和高校生在教学过程中的重要性并赋予了更大的主体作用。这个教学方式包含了以下几个步骤。

第一，构建写作背景。通过利用多样化的媒体和互联网资源，为大学生呈现具有特定背景的内容，以激发他们对写作的浓厚兴趣和动力。写作的动力来自于深刻的体验和灵感的迸发。因此，在准备写作文之前，可以主动记录高校学生外出活动、日常生活和自然美景等场景，然后在课堂上根据需要播放这些录制画面。这种方式可以激发大学生的创造性思维，从视觉感受中引发情感共鸣。

第二，准备写作素材。在写作指导过程中，学生可以利用互联网随机获取计算机提供的相关信息，也可以在网络上搜索素材。这种教学方法允许大学生表达个人主观经验，展现内心情感和个人智慧，激发了学生的创造性思维，使学生的想象力由模仿转向创新，增加了学生个性发展的可能性。作文由此变得更具启发性，从而实现了学生从被动写作到积极表达的转变。

第三，对创作流程进行优化。大学生利用键盘将头脑中构想好的内容转换成书面形式，并将其输入到计算机中，同时对文章中的错误进行修改和完善。

第四，对文章进行评论。在学生和教师的评议后，学生被要求修改自己或他人的作品，并将其上传到学校网站上。传统的作文教学方法通常是学生提交作文给老师批改，这样容易限制学生之间的作文交流，而且学生相互批改的水平不一，学习效果进展较慢。然而，借助高速校园网络，这一问题得到了解决。在保护隐私的学术氛围中，学生可以利用移动设备或电子邮件向教师提交作文，或将其保存在个人文件夹中，在线共享给所有同学阅读。大学生阅读同学的文章后，相互组成小组进行讨论，互相给予标注和评论，并撰写评价。接着，老师有目的地对高校生修改过后的作文进行评价和总结。这种修改方式操作简便，加快了对作文反馈的速度，促进了资源共享和广泛交流互动的实现。

（四）引导学生综合性学习

1. 细心设计问题，促进学生深入思考

这个阶段是为教学计划做准备。老师需要根据大学生的学业水平和知识底蕴，以及大学语文课程的特性，挑选一些能够激发学生挑战精神或契合他们兴趣的课题。提出的问题应该具有选择性和适度的挑战性，最好与大学生的学习和生活有关，以便他们能利用已有知识和网络等资源来解答问题。教师在设计问题时应该深入了解高校学生的知识水平和实践能力，紧密围绕教学目标，明确课前应具备的知识以及课程结束时应掌握的知识与技能。

2. 耐心点拨学生，促进学生高效自学

当前，互联网已经发展成为一个全球共享的平台，每天都有新网站上线、迁移或关闭。目前,谷歌的搜索引擎可以搜索并记录超过一亿个网页。最受欢迎的中文搜索引擎百度最近进行了数据库更新。为了避免大学生迷失在信息海洋中,教师应该为他们提供必要的学习资源,并给予指引,例如相关网站、推荐书籍、文献索引以及其他多媒体资源。教师还应该向高校学生推荐最新有效的在线信息搜索和发布工具软件或网站,以帮助他们更有效地查找信息资源,避免不必要的困难和错误。在进行任务时,大学生们可以通过团队合作的方式一起阅读、筛选、分析和讨论信息,以及评估并选择相关内容,并记录信息的来源和原始信息。紧接着,大学生将对收集到的信息进行整合和归纳,以便及时追加更多细节,并将信息按照不同主题整理成摘要。在这种情况下,老师应该明确指出完成任务所需的时间,并回答学生在收集、整理、分析信息过程中可能出现的疑问。老师需要持续监督整个高校学生的学习过程,并激励学生评估收集到的信息的实用性,同时排除不准确或误导性内容,最终协助他们以合理的方式整理和组织符合要求的信息。高等教育机构的学生之间利用互联网资源进行互动交流,对提升学习效果和质量至关重要。学生可以借助面对面对话和在线工具进行学习互动,实现自由开放的交流,畅所欲言。这样的交流方式能够激发学生的思维、相互促进、增长见识、共同提高。

3. 完善评价体系,促进学生反思改进

评价在教学设计开发中扮演着关键的角色,它包括高校学生在查阅资料阶段的形成性评估,以及在整理资料后进行的综合性评估,同时也包括小组内部和学生之间的相互评价和自我评价。形成性评价是在资料查询阶段提供反馈的过程,其目的是在高校学生思考和分析过程中不断调整和改进,以确保他们朝着正确的方向前进,且找到合理的答案。总结性评价是指大学生对所获得的信息进行归纳整理,并利用工具或页面展示出来。大学生发挥"教师"角色,分享他们通过信息检索得出的结论。老师在倾听大学生介绍的过程中随时询问问题,然后根据资料的准备情况、陈述的逻辑性以及结论的科学性等方面,对大学生的学习成果进行评估。另外,结合高校学生个人的自我评价和教师、其他高校学生的评价,有助于提升研究结果的客观性和准确性。教师也应当与大学生一同回顾概念确立或问题解决的过程,探讨他们通过学习掌握了哪些信息技能、哪些知识,是否存在更有效的学习策略,以便帮助大学生提高信息处理能力。

（五）与教学模式整合

将互联网与传统教育教学方式结合起来，开拓提升教育质量的新途径，这也是课程整合过程中不可或缺的一部分。在结合互联网和大学语文教学的情况下，可以尝试探索以下几种具体的整合教学方式。

1. 呈现式教学

所谓呈现式教学模式，是指教师提前使用各种教学软件准备教材，并在课堂上按照预先设计的顺序向学生展示，旨在提升学生的认知。这是被广泛采用且易于实施的教学方式。

2. 学生为主式教学

素质教育主张以学生为主，增加学生独立思考的机会。将互联网与大学语文学科教学相结合，有助于激发高校学生的自主学习精神。许多大学语文教师相信，在大学语文作业中，批改作文是一项非常具有挑战性的任务。即使教师批改了作文，学生也常常很少认真阅读批改意见。而且班级学生人数众多，不太可能做到每一个都当面批改。那么，如何才能达到最佳的作文教学效果呢？老师应该巧妙地利用网络资源来辅助教学。在每次检查作文时，老师应留意筛选出代表大多数学生写作风格的典型错误或优秀范文，并利用 PowerPoint 制作幻灯片展示。在幻灯片上，老师应注意用不同颜色标出有错误的部分或优秀的句子，让学生自行修改错误或欣赏范文。在写作课上，老师应把学生的作文显示在屏幕上。接着，将班上学生分成几个小组，让他们按照评分标准对这篇作文进行评分，并选出代表说明评分原因，作文可以从高校学生的考试卷中选取。以往通常是老师传授，学生被动接受，但这次的角色转变了，学生们展现出了极大的兴趣。有一些学生认为，这篇作文的结构清晰，基本上完成了试题规定的任务，并包含了所有主要内容，但在语法和词汇方面出现了一些问题，因此评分较低。大多数同学对他们的观点表示认同。随后，老师要求学生对文章提出修改意见，并在他们兴奋的情绪中利用多媒体展示正确的写作方式。这一做法不仅使知识材料呈现得更生动，还增强了学生对知识的记忆，提高了学生的语言表达能力，有效地激发了学生学习的自发性。

3. 研究性教学

研究性教学模式是通过利用互联网信息资源来展开深入研究和探索当前学科

教学的议题。这种方法有助于拓展知识，并提升大学生自主学习的能力。在大学语文教学中，需要综合考虑语言规则和其在社会环境、风俗习惯、民族心理和历史文化等方面的联系。对于大学生来说，理解这些因素可能有一定的挑战。老师可以采用研究性教学模式，利用互联网工具创造多媒体、超文本的学习资源，或者构建生动有趣、便于理解和记忆的学习环境，帮助高校学生拓展视野，增长知识。在一次跨学科课程中，老师带领学生登录到一个在线平台，鼓励他们独立搜索作者资料，成功帮助他们收集了大量关于主人公的描述资料。传统的阅读准备课程通常通过口头讲解以及展示图片或文献资料的方式向高校学生传授知识，但是学生可能会认为黑板上的文字枯燥乏味。然而，采用互联网和多媒体教学工具可以使课堂更具趣味性，有助于提高学生对学习内容的理解和学习能力，同时培养学生的探索精神和创新能力，从而进一步提升教学效果。

（六）与教学技能整合

教师的专业技能涵盖了多种方面，比如引导学习、表达清晰、讲解透彻、提出问题、变换角度、书写规范、及时反馈、示范操作、巧妙结束和有效组织等能力。这些技能各有其独特的重要性，在支持课堂教学能力方面扮演着基础性的角色。这些技能在网络化数字环境中融入了元素。下面探讨在在线教学环境中，四种典型的课堂教学技能的特点。

1. *丰富引入技能*

引入是指在教学中引导学生逐步接触和理解新课题的教学方法。在高校学生中培养学习兴趣，激发学习动力，并为教学过程注入活力是引入技能的核心目标。常规的引入方式包括学习内容的介绍、展示实物、进行实验和提出问题等。在网络上，语文老师可以利用课件、视频、音频、计算机模拟演示以及在线调查等方式来复习先前学过的知识，并引入新的课程内容。通过巧妙多样的方式引入技能，有助于激发大学生的学习兴趣，增强他们的学习动力。

2. *扩展语言技能*

语言技能是指教师利用语言传递教育信息的能力，取决于教师的语言能力和培训水平等各种因素。在网络环境中，可以通过现代的互联网工具来提升教师的语言能力，而且可以利用电子教学媒体这种方式来传达教育信息，语言成为信息传播的桥梁。在互联网时代，语文教师可以借助扩音设备、利用网络资源进行语言教学，以及利用语言实验室等方法，来进一步扩展和提升自己的语言教学技能。

3. 创新板书技能

传统的板书技能是指教师利用粉笔在黑板上进行教学内容的书写，其中包括文字排版、黑板布局和书写次序等技能。在互联网时代，黑板不再是教师书写教学内容的唯一方式，教学内容可以通过课件、PowerPoint演示文稿、网页等多种形式展示。语文教师在设计课堂板书时需要选用合适的字体和字号、规划合理的页面布局，以及确定教学内容呈现的次序等技巧，这些都是至关重要的。

4. 完善课堂组织技能

在传统的学术场景中，课堂教学通常包括高等教育学生、教学材料和教师。在网络时代，课堂教学包括了一个重要的组成部分，即教学媒体。教学媒体与课堂紧密结合，导致了课堂教学方式的新变革。现在要考虑在课堂中何时以及多久使用教学媒体，以及如何在网络环境下进行教学组织。这为语文教师的课堂组织增添了新的技巧，使其教学技能呈现出独特的特点。

第三章　大学语文教学改革策略

本章主要论述大学语文教学改革策略，依次对构建大语文教学理念、融入中国传统文化教育、构建跨学科课程内容、革新教学评价机制四部分作出论述。让读者对大学语文教学的改革策略有了初步的了解。

第一节　构建大语文教学理念

大学语文教学是推进素质教育、培养大学生核心素养的重要途径，要想构建大语文教学理念，必须推动大学语文教学改革的不断深化。

一、以语文课堂教学为轴心

以语文课堂教学为轴心强调了课堂教学的重要性，如果没有课堂教学，教学和学习就无法系统地展开。这句话涵盖了两重含义，主要在于避免陷入两种误区：一是应当关注课外活动，但不能过分强调，以免导致忽视学业。不能把课堂教学视作唯一的教育形式，只有拓展到更广泛的范围，才能真正体现其核心价值。在语文教学中，需要关注的问题是如何在学生课内和课外之间建立良好互动，合理分配资源。长久以来的语文教育明显偏离了正确方向，课堂教学几乎占据了学生语文学习的全部内容，这与"大语文教学"所倡导的理念完全相反。

二、语文学习同生活结合

语文学习和生活融为一体，是"大语文教学"的核心，最能展现其实质特征。传统的教学理念注重教师、教材和课堂的角色，长期实行的应试教育制度学生只是被动接受知识，导致语文课堂缺乏趣味性。大语文教学观不仅在课堂和课本这些有限的学习方式之外作出了突破，还将语文教学拓展至社会生活，将广阔丰富的社会生活视为大书、大课堂。使语文教育在更加开阔的范围内发展,超越时间和地域上的限制。

如图 3-1-1 所示,第三个级别对智育进行细分,并以智育为例进行了一些分类。将第三级别进行更详细的细分,可以在每个分类下再区分出多种次级分类,例如在学校智育生活这个方面,可以包括不同类型的学习与生活经历,如学校内外的课程活动、科技创新体验、艺术创作探索、学术研究探讨以及知识竞赛挑战等。在这个领域中,学习生活涵盖了学校内外的学习活动,并且二者之间存在密切关系。因此在这里,并未对"学习生活"这个术语进行明确的定义,将其并列在这里可能不太妥当。分级分类的目的在于通过这种方式展示学生生活的多样性。所有日常生活中的交流都需要语言作为工具,而语言也蕴含着丰富生动的内容,因此语言学习实践为学生提供了广阔的学习和实践机会。由于语文学习与我们的日常生活息息相关,学生应该通过平日生活中的经验来积累语文知识,因此,语文教育应该注重教室外影响因素对学习的重要性。刘国正先生对"大语文教学"进行了高度评价,他总结道:"语文教学与生活结合有两个方面:一方面,语文教学固然应以课堂为主要场所,但立足课堂,还要看到其它各科、校园、家庭、社会,充分调动并利用广阔天地中有利于语文教学的因素。另一方面,语文教学不能脱离生活,脱离生活就会变得枯燥乏味和空洞无物;而结合了生活,就会有丰富的内容,就会牵动学生的心灵,就注进了充实的活力。"[1] 顾黄初先生认为,"所谓'大语文教学',就是要在生活的广阔天地里(课堂学习无疑是生活的一方天地)组织和引导学生去学语文、用语文,形成开放型格局的语文教学。"[2] 将语文学习与生活紧密联系在一起,成为众多语文教育工作者的共识。

---

[1] 刘国正,曹明海. 语文教学的"实"与"活"[M]. 济南:山东教育出版社,2020.
[2] 顾黄初. 语文教育论稿[M]. 北京:人民教育出版社,1995.

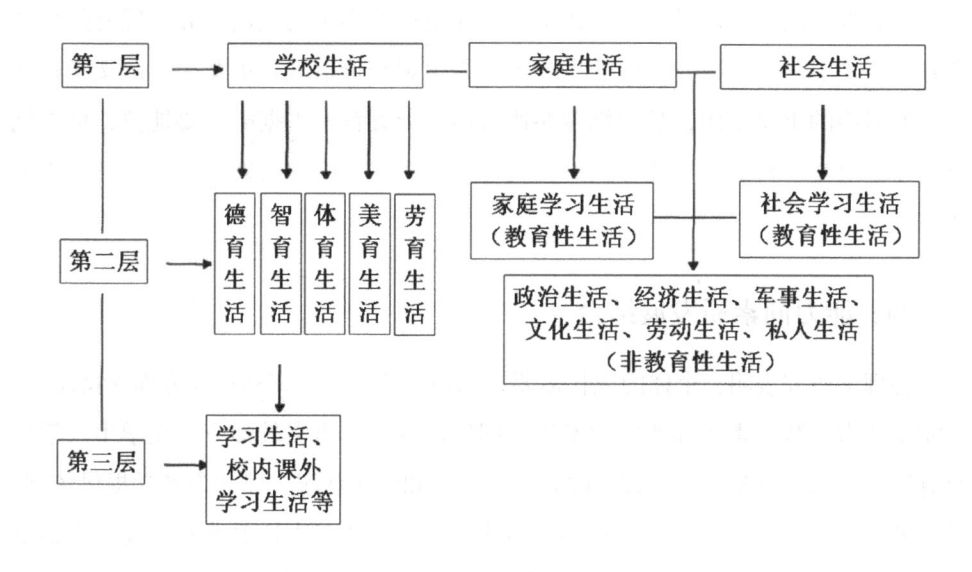

图 3-1-1　大语文教学观的生活分类

三、教语文同教做人结合

教授语文必须与教授做人相结合，因为语文教育不能只关注文字表达，而忽视品德修养。品德也会影响到个体在阅读、写作、倾听和说话方面的表现。语文学科具有丰富的教育意义，虽然不是唯一关注人格培养的学科，但在很大程度上承担着这方面的重要使命。语文教材精心挑选了优秀而典型的作品，每篇都传达着独特的思想和教育价值。语文教师不仅传授语文知识，还通过文本来影响学生的思想，将语文教学与品德培养有机结合在一起。提到杜甫时，学生们会被他关注国家和人民疾苦的情感所深深触动；提及鲁迅，学生们会有感于他对过去社会的残酷揭示和抨击；谈到史铁生时，学生们会被他在面对疾病困难时坚忍不拔的故事所感动……这些案例展示了文学作品所传递的价值观对学生思维的塑造影响，在他们的心中留下了深远影响。同时，在语文学习中，学生的品德也会得到体现。学生对于认真辨别字词学习的态度展示了他们具备着严谨好学的品质。通过学生的文章，可以窥视到他们的思维模式和理念。可以通过学生在语文实践活动中展现出的态度来了解他们待人接物的方式。一个学生的文学才华或许出众，但如果其品行有所欠缺，那么所接受的语文教育就不能称之为成功。近年来，随着教育制度的改进，语文教学更加注重培养学生的政治素养、优秀品德和良好人格，引导他们树立正确的世界观、人生观和价值观，更突显了语文学科在学生发展中的重要作用，品德修养在德智体美劳五育中占据的重要地位，培养优秀人才是语文学科的重要任务之一，教育学生在人生中学会做人更是必不可少的课程。

四、能力同素质发展结合

心理学研究表明，个体的成长需要在知识、情感、意识和行为方面保持统一，即需要能力、智力素质和非智力素质协同促进发展。语文教师应该在学生入学后及时进行智力测试和智能测评，同时调查家庭和健康状况，以此为教学提供依据。学生各方面的能力和素质各不相同，因此了解他们的基本情况非常重要。在语文教学过程中，需要注重奠定基础，激发兴趣，注重训练，强调规律性，借助环境，促进智力发展。一是要注重打下扎实的基础，包括掌握语文的基本要素：字、词、句、段落。在语言学习过程中，需要注重发展听、说、读、写等基础技能。自1962年吴天石先生作为江苏省教育厅的厅长首次提出了"双基"概念，对语文教育产生了长远的影响。如今，将双基作为语文核心素养已成为主流，尽管教育形势不断变化，但基础语文教育仍需持续推进。二是激发兴趣，兴趣能够引发学生内在强烈渴求知识的动力。在教学过程中，教师应该积极了解学生，深入研究他们的需求，以找到能够打开他们心灵的方法，发现能够激发学生兴趣的途径，从而让学生主动地渴望学习。三是专注于训练目标，并非指训练越频繁越有效。而应关注训练方法和技巧，掌握适当训练强度，减少次数，提高质量。四是传授有关语文学科的规律性知识。五是通过教学环境，语文教育环境可分为口头和书面、积极和消极两种类型，教师应该致力于改善客观条件和主观体验。这意味着教师需要充分利用促进学生语文学习的环境，并努力创造一个良好的学习氛围。六是培养智力，尽管智力不仅涵盖语文学科，但却与学生的语文学习紧密相关。因此，我们应该从更综合的教育角度来考虑语文教学问题，不只是限制在学科范围内，而是重点关注提升学生的想像力、专注力、记忆力和思维能力等方面。学生的语文学习将会因为这些智力素质的提高而取得进步。

五、听说读写训练结合

在语文教学过程中,阅读和写作是非常重要的,尤其在考试中通常不会测试听说能力,这导致很多人错误地认为听说不重要。"大语文教学"综合考虑了听说读写的训练,并强调了四种能力的综合发展。学生的语文素养发展基于四个方面的培养和训练。据说,通过加强语言听力训练,学生可以提高信息理解能力,有效地编码大脑接收到的信息,从各种语言中提取出有价值的信息,并确定对话的重点。在言语方面,交流和表达思想是不可或缺的,言谈也被看作是一种技巧。口语交际是一种在特定语言情境下,围绕特定主题进行交流探讨的形式,通过这种交流,学生有机会锻炼并提升自己的口语表达能力。一个人的口语表达水平会影响到其与他人的交流能力,如果这种能力不足,会导致个人在交谈中处于弱势地位。通过加强口语训练,学生可以在任何场合自如地表达自己,展现出出色的语言能力。每次学习课文都是一次阅读练习,这就意味着学生在每节语文课上都在进行阅读。他们从理解单词和字词开始,逐渐提升到理解整个文本,甚至挑战一些困难问题。通过不断进行阅读练习,学生逐渐培养出对语言的感知能力,从而更好地理解文本。有些学生在写作时感到困难,因为他们缺乏个人的写作灵感和素材,另一些学生只是简单地堆砌文字,这种机械写作方式让文章显得僵硬。通过反复练习写作,可以帮助学生更好地用书面语言来表达他们的思想和感受。据说听说读写训练的方法必须结合起来,从一个角度肯定了这四个技能的重要性,缺一不可。另外,要求整合听说读写训练,不能将它们分开。

六、坚持科学培养和训练

遵循结合原则,可以有效提升语文能力,这些原则包括全面的、整体的、能动的、网络式的和强有力的。"全面的"关键在于持续不断地综合培养学生。由于长期以来,在语文教学中存在过度强调某一方面的倾向,在应试教育理念的影响下,过于注重基础知识的灌输,而忽略了素质教育、智力发展和审美教育等方面。"语文教学"致力于推动学生的多方面成长,而非仅仅追求考试成绩。语文教育的目标不仅在于传授学生知识,更重要的是帮助他们培养各种能力和素养,以促进整体发展。"整体的"是基于系统性观点得出的结论,语文教育可被视为一个整体。在局部范围内进行教育改革，就像是对系统内部的一部分进行微调，可能会带来某些影响，但无法达到整体的最佳效果。将语言技能的学习和思维能力的培养结合起来，采用"一体两翼"教学模式，通过综合阅读、写作、听力和口语训练，促进学生全面发展，并引导他们走向持续的语言学习与实践。"能动的"是指自发地付出努力、积极行动。学生需要在教师的指导下发挥自己的主观能动性，通过自主学习和努力提高语文水平，而不是被动地接受教导和训练。教师和学生都应该具备自主意识，然而，在学习过程中，学生自主意识的培养和智力的发展往往需要由教师来引导和促进。单纯从教师的视角来看，教师是教学过程的引导者和主导者，而学生则是教师教的对象。教师的科学处理在很大程度上决定了是否可以实现主客体的辩证关系。在教学中，教师扮演着主导角色，他们负责组织和推动教学活动，但这并不意味着完全控制一切。与其说教师是主导者，不如说他们是学生发展道路上的引路人，利用自己的专业知识帮助学生学习成长。学生的积极性和学习效果与他们个人的背景息息相关，这就需要老师去了解学生，掌握他们的学习情况。为了促进师生双方的良好发展，语文教师应该努力建立一种"尊重与爱护"的师生关系。"网络式的"是相对于"单线式"训练而言的。"大语文教学"倡导以"广渠道"和"多角度"为基础的综合结构。根据我们的观察，这个整体网络结构具有辐射型和辐凑型的双重特征。"辐射型"注重知识更新，适合基础扎实的学生；"辐凑型"注重回顾，具有凝练性，适合基础薄弱的学生。此结构扩展锻炼了学生举一反三的能力，以及加强锻炼了学生的归纳能力，无论是拓展外部观点还是深化内部见解，采用网络式的教学方法打破了仅仅专注于单一知识点的语文课堂教学模式。"强有力的"主要指的是教学中的有力程度。许多人在培养和训练中常常表现出力度不足的情况，可以形容为只是做表面功夫，没有深入钻研。"强有力"指的是利用语文教育的全部功能，以较轻的学习压力来达到较好成果所必需的那种力量。不应当过度使用"力"，需要集中在要点上（就如同敲击鼓一样），如果使用过多反而会变得无效。这需要集中资源处理重要、困难、具有疑问的问题，而不是将资源均匀分配；帮助学生加深理解。通过控制语文练习的数量，来获得最好的练习效果。在培训和发展中，关键要讲力度，确保"力"发挥出所有潜力，实现更高的价值。

第二节　融入中国传统文化教育

一、大学语文教学中融入传统文化的意义

大学语文课程是我国高等教育针对新时代社会发展对人才的要求以及大学生的实际需要而实施的，具有鲜明的针对性和科学性。大学语文课程中蕴含着丰富的中华优秀传统文化，引导学生学习这些课程内容，不仅能升华学生的文化与道德情操，还能落实对大学生的素质教育，对于推进大学语文教学改革具有重要意义。

（一）有利于培养学生的人文精神

近些年来，经济全球化加速发展，大量的西方文化如雨后春笋般涌入我国的社会和文化体系中，对中华优秀传统文化的传承工作造成了不利的影响。基于这样的文化背景，对于大学语文教师来说，将中华优秀传统文化渗透到语文课程中就成了重要的教学目标，教师利用中华优秀传统文化中的人本思想、人文精神等内容，使学生的思想、美德在不知不觉中受到熏陶，既能帮助学生更好地认知中华优秀传统文化，还能提高学生的人文素养，帮助学生构建完善的世界观、人生观、价值观体系。

众所周知，大学语文教学的功能不仅仅是作为基础课，更重要的是大学语文教学肩负着承载与传播传统经典文化的重任。随着历史的不断发展，各个民族创作并留存了许多优秀文艺作品和典故，这些作品蕴含着深刻的人文精神，对大学生的心灵成长具有重要的启发作用。这些作品也能够引导大学生对情感、态度和价值观进行审视，提升他们的文化品位、审美情趣和审美能力。如果大学生能够专心致志地阅读、领悟和深思这些作品，从中吸取精髓，那么这些作品所体现的人文精神就会在不知不觉中成为学生提高他们素养的宝贵资源。因此，大学语文教学可以依托优秀文学作品，充分利用它们的情感渗透作用，加强对当代大学生的人文素质教育，培养学生的爱国主义、思想情操、礼仪修养，唤醒与培育学生的爱心、同情心、责任心，使之在未来工作中成为善良正直、公正无私、宅心仁厚的有用之才。

中华优秀传统文化根深叶茂、博大精深，其核心要素就是人文精神。当代大学生应当具有的人文素质主要包括以下几点。

（1）责任。首先，大学生必须对自己的学习任务具备责任感、担当感，做任何事情必须有始有终。其次，大学生必须对自己的亲人、教师、同学抱有感恩之心。最后，大学生必须对自己负责，包括自己的身体健康、言行举止、未来等。

（2）信念。当代大学生应当树立马克思主义的科学信仰，树立为实现中华民族伟大复兴的中国梦而奋斗的共同理想。

（3）诚信。在生活中要讲诚信。对于每天要面对的一些事情、问题，每天要做的事情，都要讲诚信。讲诚信要对党忠诚、要对国家忠诚。不管将来处在什么岗位，不管身处什么地位，都要对国家、党忠诚。

（4）宽容。在遇到事情的时候，大学生要学会站在对方的角度想问题，切勿斤斤计较，要学会体谅对方。

（5）谦虚。在生活和工作中不能自以为是，不懂装懂，摆出凌驾于他人之上的架势。

（6）豁达。在生活和工作中能屈能伸，知进知退，经得起挫折、失败。

以上只是举例，中华优秀传统文化中可供汲取的精华要远远超过这些。大学语文教学通过充分挖掘中华优秀传统文化中的人文精神要素，有助于提高学生的科学文化素质，培养学生的人文素养，将他们逐渐培养成21世纪的高素质人才。

除此之外，大学语文教学在面向非文学专业的大学生时，需要将人文教育作为补充，它不仅能启迪灵性，还能启迪人性。不断加强科学教育与人文教育的融合力度，使大学语文教育更好地回应时代的呼唤。在经济高质量发展的新时期，世界各国之间的合作逐渐深入、全面，科学技术更新迭代的速度也越来越快，21世纪的大学生不仅要具备有助于社会发展的专业能力，还需要具备良好的内涵修养。引导大学生学习中华优秀传统文化，让学生感悟和品味其中蕴含的民族精神，学习和鉴赏其中蕴含的道德情怀和民风民俗之美，一方面培养学生的审美能力，另一方面让学生感悟国家的光辉、伟大，增强学生的民族责任感。让学生接受专业课之外的人文教育，能够使其在掌握专业知识和技术的同时，形成高尚的道德情操，正确分辨真与假、善与恶、美与丑，深刻意识到民族语言和民族文化的神圣和高尚，从而为祖国建设作出更大的贡献。

（二）有利于传承优秀的历史文化

为了摆脱旧思想、旧文化的束缚，实现经济的可持续发展，我国从西方引进了先进的技术、先进的设备，这也给外来文化的入侵提供了机会。

为了避免我国历史文化传承的断层，大学语文教师可以依托语文教学平台，将有教育意义的中华优秀传统文化融入学生的日常生活和学习当中，在帮助学生了解中华优秀传统文化的同时，增强学生对创造民族文化的自信心，为中华优秀传统文化的不断延续与长足发展提供有效保障。

1. 有助于学生感受母语魅力

语文不仅是汉语，也是中国人的母语，是中华优秀传统文化的重要内容，到目前为止已有几千年的发展历史。在高校语文教学中，通过生动地朗读文章，教师可以让情感在课堂中传达流淌，展现出汉语规范化、标准化的韵律美。在大学语文课本中，许多古诗词和文章都需要朗诵者具备丰沛的情感，这样才能使作品生动传神，触动人心。

在大学语文教学中，老师常常鼓励学生用有力的声音朗读文章，这样的朗读不仅能让学生更深入地体会本民族传统文化的精髓，还能在朗读中增强学生对本民族文化和中华历史的自信。同时，高校已经在学生期末测试与评估中增加了语文等级考试，到目前为止，学习汉语或练习普通话的人数逐渐增多，这充分说明了能够感受到语文中中华优秀传统文化魅力的大学生在不断地增多。全球"汉语热"在持续升温，被称为"汉语托福"的汉语表达测试也受到越来越多各国学习者的青睐。总之，大学生可以通过诵读来感受中华优秀传统文化的无尽魅力。

2. 有助于学生展示汉字文化

中华传统文化因为汉字的存在而源远流长、茁壮发展，并且保留了丰富的历史内涵。汉字和汉语都是传承中华优秀传统文化的重要工具。从最初的"图案图画"演变为"象形文字"，经过简化后成为现代的"汉字"，汉字的发展历程生动展现了中华优秀传统文化源远流长、内涵深厚的历史积淀。因此，在大学语文教学中，通过写作帮助学生领悟汉字所代表的坚持不懈、毅力不倦的文化价值具有极为重要的意义。

一个有远大理想和崇高追求的大学生，首先要对本土文化历史的发源及本土文字的发展了如指掌。熟练掌握中华优秀传统文化对于各个专业的学生都至关重要,这也是为何许多大学语文教师鼓励学生利用汉字表达创造性想象的主要动机之一。对于有意进入教育、金融、工商等领域的学子来说,在日后的职业道路上,文字发挥着至关重要的作用,它的价值不容忽视。在这种情况下,具有较强写作能力的学生将会表现突出,他们不仅可以在求职过程中展示自己出色的文字表达能力,还可以通过文章给面试官传达丰富的文化内涵,从而有效地引起对方的注意,进而获得更多优质的学习机会。因此,大学语文教学通过提高学生的文字写作水平,有利于更好地展示文字的儒雅,为学生今后的工作奠定基础。

3. 有助于学生感受人文精华

在大学语文教学中,经典著作和名著是传承中国优秀传统文化的重要工具。古代智者和前辈的经验之谈,在漫长的历史长河中为大学语文教学提供了无数宝贵的文化遗产。《论语》《史记》《道德经》和《三国演义》等经典著作是中国传统文学中最具代表性的作品,它们记载着古代历史文化,展示了人民的智慧和历史魅力。

现今大学生常常利用互联网感受文化的多样性,通过网络来认识和探索多元化的世界,但他们往往缺乏对中华优秀传统文化的深入了解。大学语文教师可以通过引入优秀文化作品来传授更广泛的文化知识,帮助学生认识历史文化的发展情况。在高校语文教学中,教师常常会聚焦于某一门课程的要点,精心挑选一些知名的古典作品作为全课的教学案例,这种教学方式不仅能提升学生的学术水准,还有助于增强他们对人文知识和历史文化的认同。总的来说,大学语文教师通过传授文学、文化和文字等知识,有助于提高学生的人文素养水平。老师所传达的历史背景和文化内涵都非常丰富,值得学生们深入思考和反复琢磨。

4. 有助于学生传递民族文化

在大学语文课堂教学中,唤起学生对各种文学形式的兴趣和关注,展示中华优秀传统文化的魅力。在信息化社会的影响下,西方文化已经深深影响了中国悠久的文化与历史。由此引发的一种普遍现象是许多当代大学生热衷效仿西方文化,有时甚至认为圣诞节比中国传统节日更重要,对中国传统节日并没有太多的情感认同。通过开展丰富多彩的线下语文活动,大学语文课程可以为解决这一问题提供有益的思路和途径,同时鼓励传承传统文化。

当代大学生作为一个充满活力的群体,他们不仅是社会的参与者,也是传承和弘扬民族文化的重要力量,他们的责任是传承和传播我们的文化遗产。因此,在高校语文教学中，教师可以与社团和协会合作，根据不同的民族文化特征，举办各种形式的语文活动。例如在端午节快要到来的时候，老师可以安排学生参与策划写作活动，帮助他们更深入地了解传统节日，以此激励学生积极承担文化传承和传播的任务。

（三）有利于实现中华民族伟大复兴

文化是人类智慧的产物，同时也是中华民族赖以生存的根基。因此，在大学语文教学中融入中华优秀传统文化，能够极大地改善我国西方文化日渐盛行的现状，不断强化当代大学生的民族意识，有效激发出大学生民族复兴的使命感、责任感，为中华民族的伟大复兴提供源源不断的推动力。

1. 传统文化是中华民族精神之魂

"民惟邦本，本固邦宁"，[①] 这不仅是中国古代国家治理的重中之重，还是治国理政非常重要的历史经验。对这些优秀传统文化的传承与弘扬，实际上就是要强调以人为本，将人作为主体，一切为了人民，致力于人的生活质量、发展潜能以及幸福指数的持续性提升，终极目标是实现人的全面发展。

在5000多年漫长的历史长河中，中华民族之所以能够屹立不倒，历经坎坷而不屈，更多仰仗的是一种坚韧刚毅、自强不息的精神。

从古至今，中国人一直将"和"落实到生活的方方面面，将"和为贵""和合"作为一种重要的思维习惯和人生信仰，追求人际和谐、身心协调、天人合一的境界，希望能够建立一个人人平等，天下为公的理想社会。现如今，我国进一步推动了社会主义和谐社会的建设，其实就是对注重和而不同的中华优秀传统文化发扬光大的一种表现。

自古以来，中华民族就是一个统一的多民族大家庭。经过几千年的发展，真正实现了让团结统一的意识入脑入心，使中国人做到内化于心、外化于行。中华民族众人拾柴火焰高、自强不息的民族精神具有不可撼动的强大力量。

2. 继承和发扬传统文化是民族复兴的必由之路

（1）大学语文教学中融入传统文化有助于学生科学认识传统文化

大学语文教学，能够使学生在尊重传统的基础上，依据历史和科学的观点对

---

① 孔子. 尚书 [M]. 长沙：岳麓书社，2001.

中国的传统文化进行考察，做到有选择地吸收和创造性地综合运用，准确掌握和全面理解传统文化的本质内容，从而更好地弘扬中华优秀传统文化。由此一来，在新的历史条件下，学生就能以现代化的基本精神理念为依据，对历史文化尤其是前辈们传承下来的道德规范，坚持古为今用、革故鼎新，做到有鉴别地对待，有扬弃地继承。

（2）大学语文教学中融入传统文化有助于培养学生对传统文化的向往与喜爱

要想实现各个民族传统文化的现代化，就必须融入和培植新的文化要素和文化精神。中华文明的发扬光大，需要不断强化哲学、人文社会科学的作用。在大学语文教学中，大力研究和挖掘优秀传统文化，讲授哲学、人文社会科学的相关内容，有助于增强学生对中华民族传统文化的了解、喜爱与向往。

（3）大学语文教学中融入传统文化有助于引导学生树立社会主义核心价值观

社会主义核心价值观在如今社会中居于统领地位、起主导作用，它是中华民族的核心价值观，融社会主义的价值特性与中华民族的文化特性于一体。社会主义核心价值观唯有一直深深植根于中国传统文化的深厚土壤中，才能充分发挥其指导作用。在大学语文教学中，有机结合优秀传统文化与社会主义核心价值观的宣传教育，在引导学生树立正确社会主义核心价值观的同时，还能激发学生努力学习的动力，为早日实现中国梦贡献自己的聪明才智。

二、大学语文教学中融入传统文化的策略

（一）在校园中宣传传统文化

校园宣传栏在推动校园文化建设、引导师生教育以及展示学校作风方面扮演着至关重要的角色。除了展示公告和优秀学生名单，校园宣传栏还可以传播一些中华优秀传统文化。在学校的走廊里张贴名人的画像和文化格言，可以让学生深入感受传统文化的独特魅力。高校应该将中华优秀传统文化融入校园教育和学生生活中，使学生在日常生活中深刻感受到中华传统文化的价值和影响。

概括来说，高校应该拓展宣传栏的范围，增加展示中华传统文化的相关内容，

在教室走廊上展示更多的名人画像和文化格言,并增加校园内的文人雕塑。比如,可以在学校的教室或走廊上展示中华优秀传统文化核心价值观的内容,在食堂里可以张贴宣传标语"珍惜每一粒米,勤俭赢得美誉",并在每个教室的展示栏上及时更新传统文化节日的信息,包括相关的诗词和民俗活动介绍。另外,大学语文教师还可以利用课文中的传统文化内容来引导学生合作创作黑板报,帮助他们更深入地理解课文,同时拓宽学生对传统文化的认识。这样做可以激发学生对中华优秀传统文化的兴趣,并让他们更深刻地意识到学习这一文化的重要性。

(二)举办多种形式的文化活动

高校举办多样化丰富的校园文化活动对于学生的成长至关重要。这些活动不仅为学生的校园生活增添了乐趣,也促进了积极向上校园文化氛围的形成。此外,通过丰富多彩的娱乐活动,学生对文化学习的兴趣得到了激发,使他们更直接地接触到中国优秀传统文化,使传统文化在校园中更受学生欢迎。

1. 利用传统节日开展各类文化活动

在各大传统节日来临时,学校可以安排和举办不同主题的演讲比赛、诗歌比赛、传统文化宣传画创作比赛等活动,优秀作品将在学校宣传栏展示,激发学生的积极性,鼓励他们勇于探索,参与各项传统文化活动,从中获得满足感和成就感。比如,以中秋节为契机,高校可以鼓励学生主动搜集关于中秋节的诗词,举办中秋主题诗词比赛,从而帮助学生拓展古诗词知识,提升他们的文化修养。

2. 举办文化艺术节

高校艺术节是展示学生艺术作品和才艺表演的重要平台,应该充分发挥全校力量,展现学生的多样化才华。在确定艺术节主题时,管理员和教师应该结合学生的学习水平和时代发展趋势,以激发学生的创造力和艺术潜能。同时,学校应设立平台和奖励机制,组织传统文化讲座和主题演讲活动,以增强学生对传统文化的兴趣。为了扩充学生的文化知识储备,学校可以通过互联网、图书馆等途径,让学生收集与传统文化相关的内容。这样可以帮助学生更好地了解传统文化的内涵和价值,增强对传统文化的认同感和热爱。通过参与演讲活动,学生可以锻炼自己的演讲能力,提高文学素养,同时也能够激发他们对传统文化的学习热情。演讲活动不仅是展示个人才能的机会,更是促进学生思想交流、文化传承的重要途径。

(三)构建传统文化考核体系

建立全面的评估体系,明确定义科学合理的评估标准,并制订严格的执行计划,以激励学生和教师更加重视对中华优秀传统文化的学习,进而提高传统文化教育的质量。

一方面,学校可以将中华优秀传统文化教学与教师绩效挂钩,提高教师对传统文化板块的重视程度,使教师积极探索行之有效的教学方法,提高学生的思想品德,而不是要求学生机械性地记忆。另一方面,高校可以建立综合评估体系,评价内容不仅为学生在积累中华优秀传统文化知识方面的表现,还要着眼于他们对传统文化精髓的领悟和理解,并主要考虑学生的思想素养、道德品质、行为规范,以及个人品德修养等方面的发展。另外,对学生的评估要有多样性的评估内容和高质量的评估方式,以拓展中华优秀传统文化学习效果在学生日常生活中的影响范围,而不止是关注考试成绩。

(四)搭建传统文化教育在线平台

随着互联网时代的迅猛发展,互联网技术为中华优秀传统文化教育的开展提供了极大便利和新的思路。在信息技术日新月异的今天,中华优秀传统文化教育也发生了巨大变化,在线教育模式的出现使得学生能够随时随地学习传统文化。

基于互联网时代背景,高校要积极搭建中华优秀传统文化线上教育平台,每周组织学生进行中华优秀传统文化学习,学习内容可以结合学生教材、思想行为动态等进行有针对性的选择,作为教材的有效补充与延伸。从教育方式上来看,学校不仅可以通过课堂讲授模式来传递中华优秀传统文化知识,还能通过播放电影、动漫、纪录片等激发学生的学习兴趣。作业的布置也要探索新模式,学校可以结合传统文化布置一些课外实践作业,帮助学生更直观、更贴切、更深刻地感受传统文化,弥补机械性背诵与记忆的缺陷。

(五)提高教师专业素养、文化素养

苏联教育家巴班斯基提出了教学最优化理论,强调教师在教学活动开始之前要对教学内容进行分类化梳理,使原本晦涩难懂的教学内容变得浅显易懂,将简

单的教学内容进行深层次的拓展，这就要求教师具备一定的教学能力和专业素养。

  教师专业素养是教师必备的核心素质，包括理论知识学习和教学能力培养两个方面。首先，理论知识学习是教师提升专业素养的基础。教师需要扎实的学科知识，这样才能在教学中准确传授知识；同时，了解教育学相关理论知识可以帮助教师更好地理解学生的成长规律和教学原则，以指导自己的教学实践；此外，文学素养可以提升教师的审美情趣，使教学更生动有趣。其次，教学能力培养是教师专业素养的重要组成部分。语言表达能力是教师必备的基本技能，良好的语言表达能力可以让教师更清晰地传达知识；课堂组织能力可以帮助教师有效管理教学过程，使学生更好地接受知识；教学科研能力可以让教师不断学习和更新教学理念，提高自身的教学水平。大学语文教师应该深刻意识到传统机械灌输方式已经无法满足当下语文教学需求，中华优秀传统文化与语文教学的融合并非对知识点的枯燥记忆与背诵，而是通过在课堂中引入中华优秀传统文化教学，使学生能够体会到古人的思想观念和中华优秀传统文化的精神内涵，从而塑造完美的人格，提高文学素养。

  近些年来，大学生对语文课堂质量的需求日渐增加，对此，大学语文教师不应该安于现状、不求进步，延续传统教学方式可能削弱学生对中国传统文化的学习热情。为此，老师应深入研究教育学理论，巩固传统文化教学基础，并积极倡导现代信息技术与课堂教学相结合，确保学生获得更丰富的学习体验。除此之外，教师还应该不断提高自己的文学素养，拓展阅读领域，加强欣赏文学作品的能力。为了打下扎实的语言基础，教师可以通过阅读《古代汉语》等书籍来积累基础知识。老师还可以通过研读王力的《诗词格律》和王维的《人间词话》等著作，来深入探讨古诗词中蕴含的人生智慧和精神内涵。这些书籍能够帮助老师理解古诗词的基本原理。除了深入研究文学理论著作，教师还应当注重传统文化中的基础知识。在大学语文教材中，常识内容分布并不规律，通常分散到各个角落，因此需要大学语文教师具备扎实的基本功，不仅要讲解文本重点知识，还要注重传授和延展常识知识，以扩展学生的知识广度和深度。教师需要广泛的学科知识，包括哲学、地理、古代文化和礼仪等方面。这些广泛性知识可以帮助教师拓展视野，使他们能够更好地将这些相关领域的知识整合到教学传统文化中，从而促使学生更深刻地理解传统文化的丰富内涵。

（六）挖掘传统文化教学资源，改进教学方式

1. 挖掘教学内容中的传统文化教学资源

中华传统文化历经 5000 多年的演变，积累了极为珍贵的文化底蕴，通过代代相传，不断传承，赋予了中华文化强大的生命力和延续性。在当今社会，我们仍需不断传承中华优秀传统文化，以使其在时代变迁中焕发出更为丰富、有活力、有价值的特质，呈现出生机勃勃和繁荣发展的面貌。

中华优秀传统文化是古人思想观念、精神内涵的承载体，或是以"回眸一笑百媚生，六宫粉黛无颜色"展示出杨贵妃的惊世容颜；或是以"两情若是久长时，又岂在朝朝暮暮"揭示出爱情的真谛；或是以"偶然值林叟，谈笑无还期"展示出诗人淡逸的天性和超然物外的风采……在那个路漫漫、车遥遥的年代，古人往往将自己的思亲怀乡、知己之情、爱国之情浸润于文字之中。中国人的思想观念、道德品质等都深深植根于传统文化的内涵中，这对于每个人来说，都是潜藏在内心深处的心灵归宿和精神向往。

大学语文教师应该充分认识到传统文化具有的潜移默化的影响，包括个人修养、社会安定、国家发展等方面。教师面对传统文化应该保持正确的态度，增强文化学习的积极性，对文化生命力保持坚定的信念与信心，争当中华优秀传统文化的传播者、拥护者、实践者、传承者。此外，作为大学语文教师，应当深刻意识到挖掘中华优秀传统文化资源的重要性。为此，需要不断提升自身的专业素养和文化修养，紧跟传统文化的热点话题，广泛阅读与传统文化相关的书籍。通过积极的学习态度和实际行动，影响和带动学生的学习积极性。在语文课堂上，要充分发挥作为传承中华优秀传统文化的"主战场"作用，引导学生深入了解、传承和发扬中华传统文化的精粹，让传统文化在我们的教学中得到生动体现，使学生在语文学习中感受到传统文化的魅力，从而在文化传承中实现自身的价值。

在大学语文教材中，许多文章都涉及我国的优秀传统文化，教师可以结合课文内容在教学中渗透传统文化教育。如在进行沈从文《端午日》一课教学时，可以引导学生谈谈端午节的来历、习俗，让学生从中了解到诗人屈原的爱国情怀，以及每年五月初五每个地方为纪念爱国诗人屈原的不同习俗。在了解民俗文化丰富内涵、感受乡土文化独特魅力的同时，培养学生对民族文化的热爱之情。教师还可以在拓展迁移中设计题目："现在，西方'圣诞节''情人节''愚人节'等

对中国传统节日形成了很大的冲击,而韩国申报'江陵端午祭'为'世界文化遗产'获得成功,对这些问题你是怎样看的?你认为我们应该怎样对待我们的传统节日?"以此来引导学生客观冷静地思考。

2. 改进教学方式

大学语文教师要对教学方式进行有效改善,加强人文素质教育的有效渗透,具体可从以下方面着手。

(1)精心挑选语文教材,并按照专题方式对具体教学内容进行合理组织。教师要对教材内容进行深入挖掘,加强人文素质教育与教材内容的紧密联系,明确人文素质教育的重要目标。教师要立足于人文素质教育,科学拟定教学专题,并根据专题对教学课文进行精心挑选,实施高效有序的专题授课,打破固有的教材课文编排顺序,对教学内容进行灵活安排。

(2)创设审美化的教学过程以及教学情境,加强对大学生的人文熏陶。教师要运用优美的语言进行授课,并基于教学课文的具体内容,灵活运用先进的多媒体教学手段,创设良好的审美教学情境,在潜移默化中提升大学生的审美品位,增强大学生的人文素质。

(3)语文教师要强化情感教学。语文教师在开展语文教学的过程中,要强化情感教学,将自身丰富的人文情感充分灌注于具体的教学内容中,引导学生产生与人文教学内容有关的情感共鸣,在潜移默化中培养学生的爱国主义和人文主义情感,实现对学生思想品质和道德人格的有效完善。

(七)引导学生大量阅读经典

许多大学生可能会因为古文晦涩难懂而望而却步,但如果熟读唐诗三百首,即使不会写诗,也能够享受吟诵的乐趣,这显示了阅读的重要性。因此,学生在学校和课外都应致力于积累传统文化知识,阅读大量古代文献,理解其中词语的意义,从而准确领悟其中的精神内涵。

在挑选读物的时候,学生可以考虑选择一些经典著作,因为这些作品往往都是经久不衰、经得起时间考验的。它们不仅不会随着潮流的变化而变化,也不会因为时过境迁而失去魅力。长期坚持阅读经典文学作品可帮助学生成立和完善个人思考架构,强化逻辑推理能力,同时提升文化修养水平。如果学生发现阅读原著有困难,也可以选择阅读一些赏析原著的作品,通过其他人的评论来更全面地理解传统文化的深层含义。通过赏析，教师不仅可以指导学生阅读，还能激发他们的好奇心，帮助他们形成独特而严谨的思考方式。以"大家小书"系列丛书为例，这里的"大家"指的是众人皆可理解的作者身份，其含义是读者构成了大家，"小书"则表示虽然篇幅较短，但内容极具学术价值。在这个充满知识和信息的时代，学生需要学习和掌握的内容非常庞大，琳琅满目的书籍让许多大学生应接不暇。如果盲目地将阅读与补充知识等同起来，那么可能会失去阅读的本意与乐趣。因此，这些优质作品有助于学生更好地筛选阅读材料，增加学生的额外阅读量和知识储备量。

总的来说，学生应当充分认识到阅读课外书籍的必要性，只有努力拓展知识面，才能实现知识水平的显著提高。因此，学生在文化知识和精神内涵上都受益于中华优秀传统文化，同时他们也承担了传播和践行这一文化的责任。

第三节 构建跨学科课程内容

一、跨学科的概念

"跨学科"一词最早在 20 世纪 20 年代被引入美国纽约，最初的含义是指"不同学科之间的协作"。我国于 1985 年召开了一次"综合学科会议"，自那时起，"跨学科科学"一词开始在学术界广为流传。直到 20 世纪 90 年代，学界开始使用术语"跨学科"来表述"跨领域"这一概念。

跨学科研究是当前学术领域中被引用最频繁的术语，同时也是学术研究中广泛采用的方法之一。跨学科涵盖了自然科学、社会科学和人文科学之间的交叉，同时也包括了各个分支学科之间的融合与交叉。跨学科旨在鼓励采用超越传统学科领域的方法，来解决综合性问题。目前，在发展过程中，许多新兴学科通常呈现出与多个学科相关的特征。融合学科研究本身也展现了现代科学探索的新模式。

当前跨学科研究呈现出一些新的趋势和特征，这与传统研究有很大不同。第一，各学科之间的联系变得更紧密，学科数量增多，非学科内容也在逐渐增加，表现方式更加复杂，难以确定清晰的界限。第二，研究人员跨学科和领域自发合作，进行了合作性的科学研究，学科领域之间的隔阂正在逐渐消除，呈现出更加开放和蓬勃的发展趋势；第三，人文与社会科学、自然科学、技术之间的跨学科研究受到越来越多的关注，甚至开始相互交流合作。第四，人们开始越来越认识到跨学科研究的价值和好处。学校一直在强调通识教育，尤其注重培养人文素质，以弥补只重视特定学科知识的教育模式的缺陷。社会在人才选拔时越来越重视综合素质。广泛参与跨学科人员的大型科研项目备受关注。这些迹象表明，跨学科研究正在蓬勃发展。事实上，素质教育通常涉及跨学科研究，因为这是科学基础之一。因此，融合多个学科的研究理论和方法目前已经成为当前大学语文课程内容改革中的一个关键方面。

二、跨学科的大学语文课程内容建构

教育的进步应该与时代的步伐保持同步。教育对象所处的生活和就业环境发生了巨大变革，社会对人才的品质提出了全新标准。在各个高校和高等教育工作者面前，培养复合型、创新型、高水平的人才是一项重要课题。面对这一发展趋势，大学语文课程作为负责培养学生人文素养和提升语文能力的一部分，需要进行富有创意的教学内容改革，重新设计课程结构，融合跨学科思维和人文素养理念，朝着学科综合化的方向发展，将其打造成一个旨在拓宽学生视野、传承中华文化精髓的高等人文语文课程。该课程的重点是以文化为核心，通过文化来塑造作品，并使之形成一个整体，而不是简单地堆砌和堆积作品。当然也要格外重视应用性。这里讨论的应用性主要涉及理念层面的应用，而非具体实践层面的应用。由于高中已经完成了培养学生具备语言运用能力的目标，因此大学语文教育无需再重复承担这一任务。如果反复强调相同的字词、句子和文章结构，那么就只是旧调重弹，对学生而言没有任何吸引力。以文化为中心，整合不同的文本，深入挖掘文本所展现的智慧策略、价值观念、精神享受、传统习俗等文化要素，以跨学科的方式将其与现实社会联系起来，以及与学生的专业对接，重点探讨如何运用这些文化元素来促进专业发展和个人成长。然而，这正是传统大学语文教学普遍存在的缺陷，也是学生们最感兴趣的地方。在研究先秦文献时，特别重视前贤对治理国家、领导社会以及人生智慧的讨论。唐宋文学的重点作品突出了亲情、友情、爱情、乡情等人文关怀，与学生的现实生活相联系，因此学生对这些作品非常感兴趣。在这里，人文学科、社会学科和自然学科之间可以进行跨学科交流，促进学生对大学语文的兴趣。通过将古代圣贤的思想和情感融入现代生活，并将其变成具体的现实场景，文学成功实现了从抽象无形转到具体事物的转变，从而解决了文学在当代的挑战。通过跨学科思维整合，此大学人文语文课程涵盖了文学、历史、哲学、艺术等多种人文学科知识，实现了三门学科的交融，消除了学科之间的严格界限，并促成了学科和知识之间的融合关系。这门课程的设计结合了跨学科的概念，旨在培养创新能力和综合素质。在设计大学语文课程内容时，应着重考虑跨学科研究的理论和方法，重点关注以下几个方面。

（一）以人文素质培养、语文能力提升为目标

普通院校强调培养应用型人才，鼓励融合人文和语文学科，强调人文关怀、综合素养和拓展视野。在语文教学理念上，我们坚持注重丰富的语文内容，并强调语文与民族文化之间的紧密关联。语文是承载着民族文化积淀和历史传承的重要工具，在维系和传承民族文化上起着不可替代的作用。作为中国人的母语教育，汉语文教育不仅要传承民族文化知识、培养语文能力，还需要植根民族情感、唤起民族意识、激发民族精神。因此，在大学语文课程的设计上，需要勇敢突破只关注纯文学教育的固有思维，不仅要注重生动的形式、优美的文学表现，还要将哲学、美学、历史、科技等领域的作品融入其中，充分展现文学的多样性和广泛吸引力，让学生在美的魅力中获取更为广泛且丰富的文化知识。致力于增强学生的语言运用能力。语文的本质特质在于其所包含的文化底蕴和精神意蕴。语文教育涵盖了母语教育和文化教育两个方面。语言是人类与动物最显著的文化特征之一，是我们了解世界和探寻民族文化精髓的关键工具。正如著名的语言学大师索绪尔所言："语言学同民族学关系很密切。……一个民族的风俗习惯常会在他的语言中有所反映，在很大程度上，构成民族的正是语言。"[1] 民族语言作为一种载体和传递方式，展现了特定族群的传统、观念、情感和历史故事等文化内涵。大学语文教育旨在传承民族文化，学习圣贤先哲的思想，探索华夏文明的核心，认识民族文化的起源，感受民族文化的情感。因此，在当前文化全球化的情况下，强调培养人文素养和提高语言能力的大学语文课程内容体系是对传统语文教育的一种延伸和升级。

---

[1] （德）加达默尔.哲学解释学[M].夏镇平，宋建平，译.上海：上海译文出版社，1994.

（二）由知识本位转向人文本位

传统的大学语文教育和教材编写注重通过文本阐释来传授知识。这种教学方法强调了知识技能的使用，却忽视了学生个性的发展与品格的塑造，未能充分发挥语文教育的教育功能，导致了大学语文教育方面的文化缺失，对学生的人文素养培养造成了不利影响。在设计跨学科的语文课程时，应该与当前全球各国语文教材编写的趋势保持一致，不仅在结构和内容上，还要在教学理念和方法上体现出从知识导向到人文导向的转变，以及从僵化的知识呈现方式转向生动活泼的生命体验方式的人性化发展方向。透过语文教育，引导学生认知自我、了解社会，规划人生，鼓励学生独立思考和个性化学习，努力实现学生语文知识、能力和情感的全面提升。

以培养个人素养和提升心灵成长为主要目标，重新构思大学语文课程内容，摒弃传统的以知识传授为主的教学模式，转而关注人的思想发展和精神成长。重点关注以下几个方面：突破传统文选的限制，建立以文化为核心的架构，呈现人文学科的整体构架。打破封闭的文学领域限制，建立一个包容性更强的文本结构。强调人文影响，强调语文教材在传承文化、挖掘文本资源方面的关键作用，强调让学生透过语文教材认知民族文化、体验多元文化的重要性，使其成为学习中华民族和其他民族文化智慧的重要载体。为了开阔学生的视野，培养他们自主学习和批判性思维的能力，促进人文、自然和社会科学之间的互动，建立多元化的知识结构，课程可以依托跨学科理论，关注当今具有独特特征的文化议题。这将有助于学生培养自主学习能力和研究技巧，有助于激发学生创新思维，有利于扩展和加深学生的知识储备，促使他们形成独特见解，最终实现促进学生人格发展和精神成长的目标。

（三）由学科隔离转向学科融合

传统大学语文教材选择的文章内容通常比较杂乱，缺乏系统性，可能与应试教育有密切关联。这种方法的组织和呈现方式并不利于学生系统化地积淀知识，也不利于提升和促进学生的整体素养。鉴于这种情况和存在的问题，跨学科大学语文课程内容体系以"大语文观"为基础，旨在探索一种拓展语文领域的新策略，并强调整合性特点。详细来讲，就突出跨学科整合与交叉，并消除学科间的界限，重点培养学生的综合能力，以满足他们在现实生活和学术发展中的需求。随着课程整合观念的确立和课程整合理论研究的不断深入，各国越来越重视在教材编写中促进语文学科内部以及跨学科之间的知识沟通与融合。这种趋势侧重于确保语文课程与社会发展、科技进步之间的紧密联系，加强与其他学科的互动，提倡并强调跨领域、跨学科的学习。强调跨学科领域整合主要注重于促进不同学科领域知识间的交流。在挑选文本时，最好涵盖广泛的种类，涵盖来自不同领域的知识。教学资源整合的范围涵盖了社会生活、自然界、人类情感以及科技艺术等方面。英国的语文教材选取了"人类与动物""探索大自然"以及"尊重生命"的主题，包括动物学、地理学和生命科学等领域的内容，从而实现了在这三个学科领域之间建立联系的目标。在日本的语文教材《灰姑娘的时钟》中，通过讲述灰姑娘的故事，探讨了时钟的历史发展，时间观念的变化，以及时间管理和经济道德等议题，涉及多个学科领域的交叉。可以说，语文教材涵盖了广泛内容，是一个丰富多彩的世界。它能够帮助学生拓展知识，拓展视野，丰富心灵，培养创造性思维，提升品德修养。

（四）与时俱进、贴近现实语境

为了使语文教育更具有现实意义，我们应该与时俱进，在教学过程中紧密结合学生的实际生活。关注那些与学生日常生活紧密相关的话题，激发学生的思维，引发他们共同的情感体验。人们丰富多彩的生活经历为语文教育带来了宝贵的素材。传统的语文教育常常过于专注应试内容，却忽视了现实生活中多样化的语言使用情境，造成语文教育与学生日常生活的脱节。当前大学语文教育面临着各种不同的语言环境挑战，比如文本创作的历史语境。作家塑造出来的生活和情感背景；文本所处的背景环境；文本在当前的教学场景等。在筹划跨学科语文课程时，需认真考虑并重视相应的背景情境。如果教材和教学方法缺乏与实际情境的结合，那么将会导致语文教育陷入边缘化的状态。因此，在设计课程内容、选择教材、筹备教学材料、设计练习活动和确定教学策略时，应该考虑学生的心理发展水平，并采用多种方式让学生亲身感受现实生活。这种特点着眼于满足学生目前的需求，同时也兼顾他们未来生活中的发展需求，符合生态教育理念。通过研究唐宋词中蕴含的智慧，可以与学生的日常生活建立联系，促进更深层次的对话，增进学生的共情能力。此外，梁启超的《毅力论》、余秋雨的《苏东坡的突围》、朱光潜的

《美感教养》、米兰·昆德拉的《生而轻盈》等文集对学生的心理和人生成长提供了深刻的思想启示，极具启发性和生动性，都是非常出色的著作。

除此之外，大学语文课程的设计考虑到了如何应对传统经典的挑战，同时也需要关注大众文学和大众文化方面的议题。鉴于学生每天都身临其境，因此大学语文课程必须面对如何有效帮助学生正确理解大众文学与文化这一关键问题。大学语文需要面对不断变化的社会文化现象，并以高文化水平进行理性分析和阐述。这是大学语文课程的目标，其内容是依据这一目标构建的。

在全球化文化影响下兴起的"大众文化"对社会产生了双重影响。它不仅带来了美酒和鲜花，还给各国带来了疫病和灾难。从消极的角度来看，大众文化具有强大的破坏力，它可以加速各种文化的遗忘，尤其是在接触边缘文化时，破坏作用更加显著，甚至可能导致某些边缘文化瞬间消失，引发文化生态的灾难。

因此，在全球化的文化环境中，我们应当善用"流行文化"，以包容、健康和积极的心态去探索如何拒绝平庸之物以及接纳优秀之作。随着大众文化的兴盛，传统社会中的主导文化和高端文化不再独霸一方，取而代之的是主导、普及和高端文化并存的新形势，这符合全球化发展的必然趋势。

随着全球化和市场经济的不断发展，当今中国大学语文教学的背景和学生群体的知识结构都发生了明显的变化，大多数现代大学生是零零后，在新世纪背景下长大。在这个社会快速转变、思想冲突激烈的环境中，学生们身处市场经济条件下广泛流行的西方文化氛围中。这种情况导致他们的人生观念和知识构成发生了明显变化，他们盲目效仿并跟随社会中出现的各种文化现象，表现出更多的非理性行为，难以从文化层面理性解释这些现象。大学语文课程应该重视培养学生的人文素养，而不能对这个问题视而不见，置之不顾。大学语文课程的教学内容应当十分丰富，要关注当下社会现实并了解时下语境对学生的影响，引导他们以正确而理性的态度来审视流行音乐、武侠小说、网络文学、广告、时尚等流行文化，还要借助传统优秀的经典文学来开阔学生的视野，帮助他们增长人生经验。语文教育的主要目的是通过母语教学传授学生生活技能，强调培养学生的品德、技能和知识。此外具有实际能力的人不一定具备良好的品德，而具备良好品德的人在做事方面通常也不会差。学问实际上是对人生和工作进行深入探索的经历。有的学生在学术上有着扎实的知识基础，但却缺乏人文素养和传统情感，缺乏对国家的认同和热爱。这种情况下，即使他们在技能方面非常出色，对国家也不会有太大的贡献，这种人充其量也就是个"香蕉人"——外皮是黄色的，内心是白色的。

因此，应该在课堂中引入大众文化，进行引导，而非回避，更不要阻止。需要为学生提供广泛的学术知识，培养批判性思维，从而增强对文化现象的识别能力。通过文学作品，语文教育应当关注并反映现实和历史变迁，审视中国面临的问题，抵御现代流行文化对传统文化的冲击，通过语文课程培养拥有民族特色的人才，增强其强烈的国家认同感。

第四节 革新教学评价机制

一、大学语文教育评价原则

当前，教育评价正处于一个全新的发展阶段，其理论和实践经验丰富多样。21世纪的教育理念以人的全面发展为核心，致力于培养具备广泛知识技能、优秀品德、良好心理素质和强大社会适应力的劳动力。因此，在规划教学评估标准时，应该建立一个全面科学的评估框架，以学生的成长为重点，综合考虑教师的创新才能、专业水平和教学效果，鼓励教师、学生、教育管理机构和社会各界共同参与。激励学生积极参与多样的学习活动，同时注重教师设计的启发性问题、引导性问题和民主式的教学方式等要素。这种方法不仅考虑评估的成果，还注重评估的过程，呈现出了大学语文教育评估的目标导向、创新精神、以学生为中心的理念以及多样性特点。

（一）突出导向性

由于教学评价对学校和教师历来起着激励和导向作用，它好像一支无形的指挥棒，左右着教学过程与方法，这已经是不争的事实了。受传统教育的影响，大学语文教学中过多强调继承与求同，只讲死记硬背，忽视学生的创造潜能，教学评价也只重结果，忽视过程。要改变这一现状，就必须加大大学语文教育改革力度，探索有利于新时代人才培养的教育模式与方法，以及大学语文教学评价所采取的措施能够对大学语文教学改革要求发挥积极作用，因此，在制订大学语文教学评价体系时应充分发挥其导向性功能，并将"导向性"贯穿于教学的始终。

（二）突出创新性

当今世界很多发达国家非常重视对学生创新能力的培养，把创新能力的培养和开发作为教育的一项重要内容。展望未来的高等教育，我们必须清醒地认识到，中国特色社会主义要进入新时代，大学语文教育也要站在新起点，以教师自身专业成长为基点，履行教育使命，增强教育素养，提升专业能力，创新教学方法，努力打造满足创新型人才培养要求和新时代形势发展的高素质教师队伍。同时，要树立"学生是教学过程中的主体"的新观念，在教学过程中体现自主、合作、探究的学习方式，让学生在和谐的"师生互动"的教学情境下，以及在"多维立体直观性教学"环境中获取知识。

（三）突出人本性

传统的语文教学评价往往存在主体主观化的问题，缺乏民主性和客观性，容易造成评价结果的片面性和不公正性。为了改变这一现状，大学语文教学评价模式需要进行构建和完善。以长沙职业技术学院大学语文评价体系为例，评价主体包括任课教师、备课组教师、同行、学院教学管理及督导部门、专家以及在读学生。这种多元化的评价主体体系有助于从不同角度全面评估教师的教学质量，涵盖了课程的适用性、合理性、创新性和发展性等方面，使评价更具科学性和客观性。同时，学生也是重要的评价主体，包括任课教师、学生个人、小组同学和教学管理部门的教师。对学生的评价应该关注其学习主动性、创造性和实践性等方面，促进学生全面发展。学生的语文素养形成离不开教学过程中评价主体的积极活动和教师个人综合教学能力。因此，大学语文教学评价标准应该重视学生主体体验与潜能发掘，致力于打造学生和教师共同成长的平台。只有通过多方参与、全面评价，才能真正促进语文教学的提升，激发学生学习的热情，推动教师的专业发展，实现教育的价值和目标。

（四）突出多元性

在评价大学语文教学时，应该采取全方位的方式，综合考虑师生的各方面素质，不仅关注成果，也要重视过程，尤其要重视每个教师和学生独特的发展需求和能力，尊重他们的个性差异，帮助学生发挥潜力，引导他们建立自信，并同时促进教师的专业成长。

首先，要改变的就是评价立体。教师考核的对象涵盖了授课教师、同行教师、教学管理和监督部门、专家以及在校学生。他们对教师的教学表现进行了全面、科学的评价，考察了课程教学的合理性、创新性、发展性等方面。学生考评的主体则包括任课教师、学生个人、小组同学以及教学管理部门的教师。他们从学生学习的主动性、创造性、实践性等方面对学生的学习进行评价。

其次，要重视评价的内容。评价教学综合质量时，需要考虑的方面包括教学常规（如教学计划总结、教案设计、作业批阅等）、教学氛围（学生情感体验、师生交流是否达成共识、活动组织是否有效）、教学特色（体现现代教育理念、教学创新、教师个性等）以及教学效果（目标实现、任务完成、能力提升等）。这种评价方式不再局限于单纯依据学生的成绩来评价教学质量，而是更综合地考虑教师的教学态度、水平和成效。学生的学习综合评价考虑了课堂出勤、口头表达能力、在线学习参与、作业完成状况和期末考试成绩。这种评价方法更多关注的是学生在掌握基础知识、运用实践能力、写作水平、课外竞赛和活动表现等方面的学习成果。

最后，评估方法应该具有多样性。教师的评估可以以不同方式进行，包括现场观摩、公开课展示、课程讨论交流会和学生座谈。评分方面，自评占10%，学生评价占30%，备课组互评占30%，专家评价占30%。学生的整体评价可以考虑多个层面，包括参与互动程度、课堂表现、学习成果等等。评分由不同要素所组成，涵盖考勤记录、自我评估、小组评价以及教师评价，以此建立起全面且科学的评价机制。

二、革新大学语文教学评价机制的方式

现行的大学语文教学评价标准不够完善，存在一定漏洞，需要对大学语文教学评价进行革新，而革新大学语文教学评价需要从以下五个方面精准突破。

（一）教学过程评价的革新

教学过程评价是大学语文革新教学评价机制中的第一个评价因素，也是最为基础的评价因素，通过对教学过程的评价可以准确了解大学语文教学的开展情况，

明确教学过程中出现的问题，以此为教师完善大学语文教学提供参考。在进行教学过程评价时，可以采用评价表、调查问卷，或者听课评课的方式进行。首先学校可以组织教师之间相互听课，进而由听课教师对主讲教师进行评价，以此实现教师互评。此外，教师还可以在课后发放评价表，引导学生对教学过程进行评价，从而让教师更好地总结经验。教学过程中学生是直接参与者，因此学生对教学过程的评价十分重要。教师必须冲破传统教学观念，要让学生参与到教学过程评价中，以此作出客观合理的评价。随着学生参与评价的积极性得到全面提高，学生家长也会受到影响，学校和家庭之间的沟通问题就会得到解决。由此可知，教学过程评价主要有三种评价方式，一种是教师之间的相互评价，一种是学生对教师的评价，一种是由教育主管部门组成教育督导、同行专家开展评价。综合使用这几种大学语文教学评价方式，可以让教师对教学过程中存在的问题进行反思，并且采取相应的改进措施，以此保证教学工作全面开展。对学生而言，也能发挥自身学习的主动性，正视自己在学习过程中的参与程度与成长经历，感受语文学习的无穷魅力。

大学语文教学过程评价的科学合理的评价结构，可以促进教学过程更加有序，保证教学质量，也能够让大学语文教学改革工作得到具体落实，给学生带来不同的教学氛围。可以说，革新教学过程评价，是现阶段最为重要的评价内容。不仅是对教师的评价，在教学过程中还包括对教学过程的评价，在实际教学过程中，教师也要对学生进行评价，包括课堂参与度、课堂认真度、出勤率等方面进行考查，以此对学生提出具体的要求，从而让学生全面融入课堂中去，通过课堂过程评价，也让学生发现自己在上课过程中出现的问题，并在下一次上课时更加投入和认真。以上海师范大学为例，该大学的教学评价体系十分完善，该大学基于校园网和学生平台建立了课堂评价机制，基于教师的教学效果、课堂活动、教学方式、语言方式、课后作业、反馈机制等六个方面进行评价，以 ABCDE 为评价等级，综合评价教师。此外，该校还会通过官方微信，发布评价平台，学生家长通过这个平台就可以对教师进行评价，并且提出意见和建议。教师除了会依靠期末、期中的考试成绩之外，也会对学生的日常表现进行评判，日常表现以及课堂出勤占据学生综合评分的 50%，考试成绩和实践应用各占 25%，从而让学生可以真正地认识到学习语文的重要性。

（二）教学内容评价的革新

除了教学过程之外，教学内容评价也是大学语文教学评价机制革新中的主要内容之一。教学内容评价就是针对大学语文教学中，教师所讲的具体内容，包括不同的语文知识，如陈述性语文知识、非策略性的程序性语文知识、策略性语文知识等。教学内容评价方法和教学过程评价方法一致，也是教师之间相互评价，以及学生对教师的评价。教学过程和教学内容的区别在于，教学过程指的是教学课堂整体效果，而教学内容较为具体，需要判断教师在实际教学过程中，所讲授的教学内容是否符合教学大纲，是否符合教学目的，是否符合学生语文能力培养的多样化需求，是否属于教学研究的主要内容等。学生也要对教师的教学内容进行评价，包括教师教授的教学内容是否为自己所需，以及教学内容的实用性、教学内容的具体性等。在教学内容评价中还包括教师对学生的评价，学生对教学内容的掌握吸收情况，可以通过小测验、课堂提问等多种形式来了解学生是否完全掌握了教学内容。总之，教学内容评价要在目标和内容上下功夫。第一，制订课堂教学目标时，需要考虑教学大纲的要求、教材的特点以及学生的学习水平，确保目标切实可行、具体清晰。为了实现目标，必须确立教学内容、选择适当的教学方式、保持课堂教学与目标的一致性，并评估学生是否实现了教学目标。在选择教学材料时，应该选取具有吸引力的语言和文学作品，激发学生通过阅读和欣赏形成独特的理解和感悟。第二，内容的难度应该恰到好处，使学生经过一定努力后能够理解和掌握，即选择在学生最近发展区内的内容。第三，要确保内容不要过于繁杂，内容的广度会影响课堂的紧凑程度和教学节奏。应根据各专业的需求选择适宜的语文教材，并以此作为参考，了解相关名家名作，而不要受限于教材内容。

（三）教学方法评价的革新

教学方法评价也是革新大学语文教学评价中的主要内容，在大学语文教学中可以采用的教学方法有很多，但并不是每种教学方法都是有效的，还有很多教学方法不符合学生的学习情况，反而会对学生的学习、大学语文教学工作的开展造成阻碍，因此要对教学方法进行评价，确保教师在授课过程中使用的教学方法是准确、可行的。在对教学方法进行评价的过程中除了教师之间的相互评价，以及学生对教师的评价之外，还可以加入专职教育机构的评价以及校领导的评价，可以采用的评价方法有很多，在大学语文教学评价的过程中，甚至可以召开专题讨论会、培训会等多种方法进行评价，以此形成具体的评价体系，创造出优秀的评价氛围。随着校领导的加入，教学评价工作的执行力度也会得到提升，通过大学语文教学评价可以激励教师更进一步完善教学方案，完成教学任务，保证大学语文教学方法得到全面的优化。

以大学语文教学中的课堂教学为例，评价教师的教学方法是否有效，主要看以下几方面的内容：第一个方面要考虑选择合适的方法。关注教师选用的教学方法是否符合教学目标和内容需求，以及是否适应学生的专业背景、兴趣和认知特点。第二个方面是应用方法。首先要考虑的是教学理念，要重点关注在平等对待所有学生的前提下，能否实施个性化教学。第三个方面是情感投入，主要考察对师生之间的情感沟通和课堂互动的重视程度。第四个方面是课堂管理，要观察信息反馈的及时性和管理措施的有效性，评估教学策略的实际效果等。第五个方面是教师必备的基本技能。主要是教授课程内容时语言要规范、明晰、准确、简洁、生动。教导方式要温和体贴，举止庄重优美；要求文章要整洁、优美，符合学术规范，同时又要具有创新性。在应对和管理课堂时，展现出出色的技能，能够熟练地管理课堂秩序；重要的是努力积累和融会贯通语言。珍视语言的情感感受和美学价值。注重语言能力和理解能力；重视语言的运用和拓展；重视语言的探索和创造等。此外还包括教具设计的实用性和合理性，演示内容的适当性和恰当性，以及对学生参与程度的引导等方面。

大学语文教学评价革新中针对教学方法、教学过程、教学内容的评价极为重要，通过具体的评价结果可以判断大学语文教学的开展落实情况，能够让高等院校更加有针对性地制订发展计划，也能够让教师更加有针对性地对教学方法、教学过程、教学内容进行完善，并且从根本上改变以成绩为主的评价方式，在这种公平的评价方式下，学生的学习积极性和课堂参与度都会得到提升。

（四）语文考试评价的革新

除了上述评价方式之外，语文考试评价也不能被忽视。与教学方法、教学过程、教学内容方面的评价相比，语文考试评价的重要程度随着语文教学的发展，不断被降低，现如今只是作为大学语文教学评价工作的一个组成部分。语文考试评价是现阶段教学工作中极为重要的内容，评价考核机制中学生应该遵循素质教育和新课程改革要求,针对不同阶段的语文考试成绩进行评价。新时期的大学语文教学评价工作中的语文考试成绩评价和传统的语文考试成绩评价存在一定的不同,前者是针对不同阶段的语文考试成绩进行评价,而传统的语文考试成绩评价,仅仅针对期末考试成绩进行分析,局限性较强,对于学生而言并不公平。而大学语文教学评价工作中的语文考试成绩,会综合学生多次考试成绩进行分析,且考试成绩并不是评价结果的主体,学生的学习压力降低,学习负担减轻,在学习过程中就更能投入其中,学习成绩反而会得到提升。除了语文考试成绩评价,学生在课堂上的随堂测验也是成绩评价的一部分,以此让大学语文教学评价机制的诊断功能得到发挥,激励功能也能够得到发挥,学生在教学评价的激励下,更加明确地认识到自身存在的不足,在日常生活中不断完善自己,从而在具体的学习过程中得到全面发展。

(五)语文能力社会效果评价的革新

大学语文教学评价机制革新中还要对语文能力的社会效果进行研究,这一评价内容较为特殊,主要针对的是学生在掌握语文知识后的实际应用能力和应用语文知识后达到的社会效果。通过对语文能力的社会效果评价,可以对教师和学生形成综合性较强的评价,也是对整个大学语文教学工作开展情况的评价。在对语文能力的社会效果进行评价的过程中,以上几种评价方式并不适用,可以采用调查问卷和校园活动对语文能力的社会效果进行评价,比如,学校可以面向开展大学语文教学工作的专业举办语文活动,可以开展的语文活动有很多,包括文学论坛、创作笔会、体验生活、才艺展示、经典朗诵、演讲比赛、课外阅读、个人博客等。通过对学生参与情况、参与活动的开展情况等多方面进行调查,就可以具体判断出语文能力的社会效果。

教学评价对学校的教学工作和教师的教学行为具有重要的指导和促进作用。学校和教师的进步已经逐渐成为学校的行为指导原则,同时,更新和实施大学语文教学评价体系也将为学校的大学语文教学改革和一线大学语文教师的发展提供支持,促进语文教学改革的不断推进。对于大学语文教学而言,对其进行评估是至关重要的环节。通过有效评估,使其作为促进大学语文教学健康发展以及实现"大学语文"课程设立目标的手段之一,同时使该课程在培养现代创新人才的体系中发挥应有的作用。

第四章 大学语文教学创新路径

本章为大学语文教学创新路径探究，分为五个部分：创新大学语文教学模式、打造创新型教师队伍、创新多样化教学方法、创造性组织语文实践活动、构建创新性教学环境。

第一节 创新大学语文教学模式

实现大学语文教学创新，要坚持创新性教学理念，吸纳国际先进教育理念和经验，充分利用先进技术，构建多种新型大学语文教学模式，并在大学语文教学实践中不断改进和发展。

一、大学语文翻转课堂教学模式

（一）大学语文翻转课堂教学模式的原则

1. 重视能力发展

对于长期从事传统教学方法的教师和接受传统教学模式的学生而言，"翻转课堂"教学模式是一种全新的教学体验，在短时间内采用这种新的教学模式，不仅给早已习惯传统模式的教师和学生带来种种不适应，还会造成教师讲课不流畅、学生茫然、不知所措的尴尬局面，但是"翻转课堂"作为一种新的教学模式，带给学生和教师的好处远比短时间内的不适应要多得多，学生和教师要敢于接受这种新的教学理念，结合自身的教学实际和学生的思维特点，探索出更加适合自身的改良形式，为大学语文教学带来变化和发展。

对于语文课程而言，听说读写是所有语文课程的教学目标，也是学生要掌握的语文学习能力，虽然听说读写彼此之间的教学内容和训练方向有所不同，但它们彼此之间却不可分裂，每一项训练都在能力上有着密切的联系，只有听说读写同时存在，才能构成一个完整的语文课程体系。值得注意的是，在传统的教学模式中，听说读写四方面的教学往往被教师认为是割裂开来的，无论是在授课过程中还是在布置作业时，听说读写总是处于彼此独立的状态，并不存在相互关联的关系。在使用频率上，听、说能力往往大于读、写能力，但在难易程度上往往相反，读、写能力的难度系数远远超出听、说能力，这种使用频率与难易程度在教学中失衡的现象，导致学生在学习中往往无法全面掌握语文课程的学习能力，还会出现能力水平参差不齐，无法实现全面发展的目标。"翻转课堂"的教学模式则打破了这种不均衡的现状，"翻转课堂"在课前的视频学习和课堂上的讨论互动中，都会调动起学生各方面的学习机能，真正实现听说读写能力相互交融、相互联系的教学场景，这就可以大大提高学生的综合学习能力，促进学生语文课程的全面提高。

2. 坚守语文本真

"语文本真"指的是语文课程本身所具有的"语文味""真语文"。语文课程作为我国教育中最基础的学科，其作用不仅仅在于读书写字，还在于传递博大精深的文化，弘扬我国的母语文化，因此这就决定了语文课程应该在提高学生学习能力的基础上，更应该不断拓展学生的知识面，体现其本身的特色，在教学过程中要坚持"实事求是、求真务实"的精神，在语文课堂上采取适合的教学方法，而不能让语文教学变得时髦却虚伪。语文课应有的"翻转课堂"教学模式在注重学生课前学习、注重学生个性化学习的基础上，还要更加注重技术与内容的结合，"翻转课堂"教学模式的课前学习指的是学生观看教师录制的学习视频，所以多媒体技术在其中发挥了很大的作用。值得注意的是，在进行视频设计的基础上，教师有可能会出现过于关注信息化平台问题，在追求视频效果和视频技术方面往往超出了对视频教学内容的追求，这样就失去了语文课程的"本真"，"翻转课堂"教学模式会逐渐演化成流于表面的视频教学，而失去了语文课程的真正魅力，这是万万不可取的，因此我们在进行"翻转课堂"教学模式教学时，务必要坚守本真，在坚守高质量的教学内容的基础上，正确使用多媒体技术，为整个教学过程锦上添花。

3. 坚持以生为本

"以生为本"不仅是传统教学模式的教学理念，更是"翻转课堂"教学模式的教学理念。"翻转课堂"教学模式突破了原有教学模式的缺陷，把学生放在课堂教学的主要位置，教师在整个教学过程中发挥着引导、解惑的作用，过去填鸭式、灌输式的教学模式也在进一步改变，学生在课堂上有充分的自主权和发言权，讨论互动都是学生进行自我思考的方式。但是在"翻转课堂"教学模式中教师是否真的从学生角度出发进行教学呢？在运用这种模式进行教学时，学生在课前预习模块中需要根据教师提前录制好的教学视频进行学习，这一教学手法的出发点是好的，是为了让学生更了解所学的知识点，但是对大多数学生而言，认为这是一种多余的方法，不仅占用了学生大量的课外时间，再加上课程结束之后的作业，会在无形之中增大学生在课堂外的学习压力。这样学生需要将大量的时间用于学校教学视频，而自身用来阅读课外书籍、进行生活积累的时间就会被无形压缩，这在一定程度上违背了语文课程的教学理念，也没有体现出以学生为本的教学出发点。因此，教师在运用"翻转课堂"教学模式教学时，要学会把握好课前学习视频的时长和内容，在尽可能短时间内，突出学习重点，为学生进行其他语文课外活动创造充足的时间，以减少课外学习压力。

（二）大学语文翻转课堂教学模式的实施

1. 课前理解性教学

翻转课堂的核心理念是"学前预习，课堂深化"，即让学生在课前独立学习知识，课堂时间用于深化和应用所学内容。然而，当前大部分翻转课堂仍然只是在传授知识方面有所突破，但本质上仍然是一种传统的灌输式教学，只不过是将知识传授的环节从传统课堂的内部移到了课前。

为了确保学生能够真正地掌握知识，我们需要设计和引导一种注重理解而非灌输的教学方法。教师应该在课程开始前设定清晰的初级和高级学习目标，并将它们公布在课程平台上，这样可以帮助学生更好地理解课程内容并完成必要的学习任务，促进他们进行深度学习。此外，老师需要选择富有吸引力、深度和长远意义的学习资源，例如老师自制的视频、专题演讲、相关影视作品、拓展阅读材料等，来激发学生学习的兴趣，并增加学习的深度和广度。还要为学生策划和发布明确的学习任务，帮助他们有计划地探索各种资源，激发他们在掌握具体知识的同时，思考其背后的原因，并由此引发对问题的发现、提出，以及激起他们追根究底的求知欲望。在设定学习目标的框架内，借助教师提供的资料和自行查阅的信息，初步了解知识，并深入探索。完成教师分配的课前作业和课堂任务，以充分备战面对面课堂教学。

2. 课中内化式教学

随着信息技术对教育教学的影响日益显著，翻转课堂这种教学方法应运而生。这种教学方式不仅提高了学习效率，摆脱了传统的被动学习和单一学习方式，同时引入了混合学习模式，注重师生合作学习和发挥集体智慧等优势。

学习目标的初级阶段已经在课前完成，这阶段主要是关于对知识的理解和接受。而在课堂上的重点则是将所学知识进行内化。为了确保学生掌握知识，老师应根据学生的预习情况，提出问题、设置情境、引导探索、促进讨论、进行解答和反馈，并实现富有成效的面对面教学。经过课前学习内容的回顾和讨论，老师和学生一起决定了在课堂上将重点放在研究问题的讨论上，以集中课堂思维，不偏离主题。为了充分利用有限的课堂时间，实现最佳的教学效果，需要创造适宜的教学氛围，激发教师和学生的学习热情，促进学生对主题的深入理解，并能在实际情境中灵活运用所掌握的知识。实现内化的目标需要鼓励学生进行自主探索，与老师和同学分享他们的思考和见解，这样他们在思考和分享中能够将知识应用并内化。另外，考虑到每个人的认知能力是有限的，独自思考可能无法全面深入，因此在课堂中引导学生合作学习并提供个性化辅导是至关重要的。这有助于纠正个人思考中的认知偏差，帮助学生拓展问题的发现方式、问题的分析角度和问题的解决能力，促进他们更好地掌握课堂知识。

3. 课后反思与迁移性学习

翻转课堂改变了学习方式，让学生在课前通过信息技术和互联网来掌握知识，并在课堂上进行高层次的思考和内化。重点不仅在于记忆和理解，还要求学生用所学知识解决实际问题，实现知识的应用和创新。为了促进学生自主学习和应用新知识解决实际问题的能力，需要在课前预习，在课中探究，在课后深入反思和练习。反思是指对课前知识和课上内容进行总结，而反思方法的选择将直接影响到反思结果。因此，老师应该在教学中适时观察学生的反思情况，并对他们的反思方式进行调整和改进，以便通过师生互动产生新的收获，并在课程实施过程中进行有效的总结与反思。

同时，为了让学生更好地理解课程内容、掌握语言运用技能，增强人文素养，学校设置了各种任务和活动，例如诗词朗诵、专题写作、主题演讲、观点辩论、角色扮演等，以培养学生的创造性思维和能力，让他们能够将所学内容应用到不同的情境和创作中。这不仅是学生深度学习目标实现与否的关键，还能帮助学生更好地认识和优化自我，促进教师对课程进行进一步的优化设计。

二、大学语文行动导向教学模式

（一）行动导向教学模式的概念

行动导向教学模式是指，为提升学生的行为能力，教师通过设计教学环境和多种活动形式来实现对学生的行为引导，激发学生的学习兴趣和热情，通过学生在活动中发现、探讨和解决问题，实现学生创新和关键能力的形成。行动导向教学模式有多种具体形式，如案例教学法、角色教学法、头脑风暴法、模拟教学法、引导教学法、任务驱动教学法等。

行动导向教学模式的最大特点就是教学方式多样化，首先，强调参与性。在教学过程中教师可以用课堂讨论、小组教学、实践教学等多种形式来提升学生的课堂积极性；其次，注重主动性。行动导向教学模式的目的之一就是注重主动性，鼓励学生敢于创新，在课堂上学生可以充分感受到学习的魅力，学生根据教师的引导一步步主动探索，发现问题的答案，一个个天马行空的回答都是学生创新思维的具体表现；最后，追求多元性。行动导向教学模式鼓励学生在课堂上积极主动，但并不意味着毫无课堂纪律，放任自流。

（二）大学语文行动导向教学模式的实施方法

1. 以项目教学法提高学生阅读欣赏能力

大学语文具有应用性、人文性的特征，因此教师在教授课程的过程中，重视培养学生的语文能力、提升其本身的阅读能力，这是基本的教学要求，也为大学生以后的社会实践做好准备。下面，将以项目教学法为例，简单阐述如何在授课过程中提高学生的阅读欣赏能力。

在进行项目教学法时，要按照一定的步骤来进行，下面将以课文《一碗清汤荞麦面》为例进行论述。在填写这篇文章的项目书时，教师要兼顾项目目标、项目任务、项目资源等。项目资源主要来自教学课本以及从互联网获取到的相关音频、视频等资源。项目任务主要包括文章生词的学习、重点句子的分析、整篇文章的写作背景、母子三人几次吃面时的外貌谈吐描写。在实施计划书时，学生可以按照教师的项目任务来进行分工。比如，在分析母子三人几次吃面时的言谈举止时，学生可以按照衣着描写、语言描写、细节描写等进行信息的整理分析，比如在第一次吃面时"女人穿着不合时令的斜格子短大衣"，第二次吃面时"女人穿的还是那件不合时令的斜格子短大衣"，第四次吃面时"青年西装笔挺，夫人身穿和服"，这些都是反映人物生活变化的细节描写。不难看出，这种分工明确的任务分配模式不间断地提高了整个学习效率，也有利于快速掌握课程中的难点重点，是一种十分高效的讲课方法。项目完成之后，各小组要根据自身的实际情况进行内部评价，各组之间也要相互评价。

在进行试验效果分析时，教师可以在不同的班级采取不同的教学方法，将所教授的班级分为两组，一组以传统的授课方式进行教学，一组采取项目教学法。在课程结束时，可以根据课堂上学生的表现进行实践效果分析。在教学难点的理解方面，一是在传统教学课堂上，学生对知识的理解力较差，学生在引导过程中也较为吃力，二在项目教学法课堂上，学生通过自主学习快速掌握知识点，教师的教学负担也有所减轻。在参与积极性方面，传统课堂上学生的积极性没有项目教学法课堂上的积极性高、学习氛围好，同时教师的教学量也因为项目教学法中学生主动性学习而大大降低。值得注意的是，在开展项目教学时不能将其与传统的教学方法完全割裂开来。项目教学法在提高学生学习积极性、活跃课堂氛围方面有很大的作用，但如果整节课都采取项目教学法时，就会导致讲授的知识过于分散、凌乱，缺乏整体的概括总结，将导致教学效果大打折扣，因此，教师在进行教学时，要把握好两者之间的比重，确保教学过程高效、有质量。

2. 以角色扮演法提高学生表达沟通能力

大学生多性格外向，活泼好动，喜欢参加集体活动，因此教师在教学过程中，要善于取长补短，利用学生的优点尽量规避其缺点的教学方法进行教学。角色扮演教学法具有极强的参与性，采取这种方法进行教学可以充分发挥大学生的优势，让学生感受到知识的魅力，从而提高知识储备水平。

在传统的教学方法中教师在课堂上占据了主要地位，对学生采取灌输式的知识教育，学生缺乏自主思考的能力，不仅课程枯燥，教学效果也常常不乐观。角色扮演法可以有效避免这种教学方法的弊端，营造出和谐的教学氛围。比如在讲解《烛之武退秦师》时，教师可以根据文章所涉及的角色采取角色扮演法，还可以采取分角色朗读的方法，赋予学生以适当的角色，这样可以调动学生的积极性，也可以保证学生在朗读过程中更加深刻地理解文章脉络和人物形象。除此之外，教师还可以采取角色扮演法来还原课文中的场景。教师可以让学生以文章中烛之武劝服秦穆公的片段为原型进行自由发挥，重新还原当时的场景。在交代这一场景后，学生表现出浓烈的兴趣，纷纷自行结成小组进行角色扮演，在准备过程中，学生不仅需要深入理解文章大意，还需要发挥自己的想象，让角色扮演更加生动形象。这是一个提高学生学习能力和创造能力的过程，也有利于帮助学生树立团结协作的意识，具有极大的教学效果。

表达与沟通是语文学习的一项重要内容，因此，大学语文教师必须重视学生语言表达能力的培养，在诸多教学方法中，角色扮演法发挥的作用最为显著。因此，本书以《介绍》为例，详细说明了如何利用角色扮演法提升学生的表达与沟通能力。如果按照传统的教学方法进行讲课时，学生只会掌握"介绍"的一些理论化方法，讲解枯燥，学生也会丧失学习的热情。采取角色扮演法进行教学时，教师可以设置情境吸引学生的注意力，比如已经迈入大四马上要面临找工作的现实，恰好学校有一场大型招聘会上，于是拿着简历十分激动地前去面试，可是这家公司相当火爆，前来面试的学生十分多，那么将采取什么样的沟通方法来获取面试官的青睐，得到心爱的工作岗位呢？教师可以将学生分成不同小组，分别安排不同的学生扮演面试官和面试人员，学生在表演过程中要充分利用相关的语言沟通能力，全方位地向面试官介绍自己。这样的场景模拟，不仅可以使学生充分了解面试现场的情况，还可以锻炼学生的语言沟通能力，同时相应的介绍技巧也得以掌握。不难看出，角色扮演法在提升学生表达能力上有着不可忽视的重要作用，场景还原式的课堂教学极具生动性、场景性、高效性，但值得注意的是，学生在扮演过程中可能会出现难以融入场景、表演效果不佳的情况，这时就需要教师耐心地对学生进行指导，进一步找出提高的方法，以此提高学生的学习能力。

3. 以案例教学法提高理解分析能力

不难看出，在大学语文教学中，存在着许多不同的教学方法，每一种教学方法都有其自身的优势和特点，教师要善于根据不同的文章内容，选取恰当的教学方法进行授课，确保起到最佳的教学效果。案例教学法本身具有极强的适应性和适用范围，是教学过程中常常采取的一种教学手段。

按照案例教学法的环节要求，我们可以按照以下四个步骤进行应用。首先，案例展示。教师可以根据本节课的教学内容寻找与之相关的视频素材、文字素材向学生展示，引入课程主要内容。在学生观看视频和文字内容时，教师可以根据内容对学生进行引导，主动引起学生对所学内容的兴趣，促进学生快速融入本节课的内容中。其次，问题设置。在看过视频和文字之后，由于学生已经对案例内容有所了解，所以教师可以对案例中的内容进行提问，比如可以设置案例中的说话方式、提问技巧、提问效果等等，在学生进行讨论自由发言之后，教师要对学生的观点进行总结和评价，并在此基础上进一步深化问题的含义，向学生详细讲解在提问中应当注意的地方。再次，分析讨论。学生在充分理解教师讲解内容的基础上，继续进行讨论交流，在发言过程中可以畅所欲言，也可以对其他同学的意见提出不同的看法，教师在该过程中应该起到引导的作用，把握好学生讨论的方向和时间，尽可能避免对学生的发言进行评价，为学生提供一个自由发言的空间。学生经过讨论，得出提问须注意以下几个方面：提问的语言要简洁明了，要具体实在，要合理有效，注重对象场合，还要讲究艺术，求得最佳效果。最后，进行总结评价。学生在自由讨论结束后，教师要对上述的不同意见进行点评，对错误的地方进行纠正，对精彩的观点进行表扬，为下一次案例教学法的开展奠定基础。在案例教学过程中，教师选择合适的案例是极其重要的一步。教师选择的案例必须是自身所充分熟知的，可以从相应的案例叙述中提炼出与教学内容相关的知识点，同时选取的例子难易程度要适中，不能超越学生的理解范围，这样，才会为整个案例教学法的开展做好铺垫，保障课程顺利进行。

三、大学语文生态教学模式

（一）生态教学模式的相关概念

教育生态学（Ecology of education），指的是借用和融合生态学的相关原理，例如生态系统和生态平衡、生态位等概念和理论，观察和分析教育系统内部结构和内部要素之间、要素与环境之间的关系和相互作用，从而探究各种教育现象及其成因，发现和把握教育发展规律，以便最终找到教育生态结构的最佳途径和方法，以及揭示教育发展的趋势和方向。建构科学的教育生态系统是21世纪人类教育的中心课题。教育生态系统，由人—教育—境构成，充满适应与发展、平衡与失衡、共生与竞争的特殊社会生态系统。教育生态系统中，结构复杂、层次多样、形态丰富；宏观微观互相渗透、纵向横向互相交错、动态静态互相结合。

生态教育指的是以生态意识培养、生态道德建设和生态知识普及为目标的教育，使受众形成生态自然观、生态世界观、生态伦理观、生态价值观、可持续发展观和生态文明观，最终实现人类、社会、自然的和谐发展。生态教育的内容包含生态意识和理论、知识和文化、技术等等，渗透在各个学科的课程当中，其落脚点是宣传生态意识的教育。

教育生态则是将教育看作一个复合的生态系统，在生态哲学视域下所呈现出的教育状态和模式，包括教育的个体生态、种群生态、群体生态及其结构等。教育生态研究是结合教育实践和教育研究的特点，在教育学和生态学"视域融合"的基础上进行的教育研究活动，研究教育中的各种现象，其落脚点还是教育学范畴，而不是生态学。生态课程是指具体针对课程教学过程中由教师、学生、教材等生态因子组成的动态平衡、开放有序的微观生态系统。

（二）大学语文生态教学模式的实施策略

1. 开发生态化教学资源

生态课程观念告诉我们，开放性的教学，教学材料并不局限于教科书，所以教师在教学设计中对教学材料的开发就更为关键。大学语文生态课程中，课堂不再是唯一的教学活动载体，文本教材不再是唯一的教学资源。教师在课前完成了教学材料的设计和开发，在上课过程中就能很好地根据材料来引导学生，而不至于整堂课漫无边际，散无组织。

开发生态化教学资源要将生活中的所有语言片段、文字材料、媒体数据都看作是课程的资源。只有将生活的方方面面都当成课程资源，才能让大学语文在母语教育的属性中、在大语文观的审视下，越来越丰富多元、生动具体。

在现实中各种鲜活的语言现象、不断产生的文学作品，都是大学语文课程的重要资源。这些资源每天都在不断更新，有的词汇消亡了，新的词汇又产生了。经典的文学作品还在变换角度解读，新的文学现象又在前赴后继中催生。不关注这些不断生成的课程资源，大学语文教育就会失去活力，失去对生活的映照。

和其他学科的课程资源不同，母语教育与师生的日常生活紧密相连。不论是口语交际，还是书面表达，抑或是思维过程、情感抒发，母语都是基本工具。大学语文教育是母语终身教育中的一环，因此可以说开发生态化教学资源，与个体生命中高等教育这一阶段生活基本是同步的。

2. 设计"体验—提炼—实践"的教学过程

教育生态理念认为教学是一个动态的过程，这个过程中有许多环节、方式，因为教学资源的不同、教学目标的不同和教学主体的特点而呈现出千差万别的状态。但总体来说，大学语文的学习过程可以总结为"体验—提炼—实践"这个动态的体系。

一是生态学习过程的体验。体验是指各种教学资源的开发利用环节以师生体验为主要方式。打破"教师向学生讲授真理"的传统教学观点，倡导学生直接去接触和认识教学资源，获取第一手的感性信息。传统教学法中先讲知识点然后举例说明的方式，影响和干扰了学生的自我感性认知，使学习成了一种证明过程，而非发现和创造。建构主义教学理论认为只有当学习者与外界环境主动进行交流和联系时，才会出现真正意义上的学习，强调学生的主动学习意向。而目前看来，各种形式的阅读仍然是教学过程中师生体验最方便也最有益的途径。从具有社会审美意识形态的、凝聚着作家生活体验的、蕴涵丰富情感交流的文本中去学习，去体会语文在思想启迪、道德渗透、文学修养、审美熏陶、写作表达等多方面的综合效应。体验的过程使学生的学习不再是静态被动地接受各种孤立事实的过程。这要求教师在教学资源的选择方面注意丰富性、真实性和经典性，通过丰富多元的、接地气与学生有共鸣的、具有一定代表性的优秀文本让学生从中体验，促进其主动学习。

二是生态学习过程的提炼。学生需要对文本作品进行评价和总结，提炼出相应的语文知识、情感或技能。提炼的基础是评价，评价并不一定是完全正确的，因此还需要互相交流和比较，在讨论和探究中去检视。在学生交流评价过程中，教师应该引导学生持有敢于怀疑的态度，不能人云亦云，更不能带有强烈倾向性和暗示性。只有敢于怀疑，才能催生出创新思维，因此教师必须把握度，不能参与过多，扼杀了学生的创造力。

在对彼此的评价经过充分讨论后，学生已经能够清晰地理解语文信息了，教师还需要带领学生一起总结归纳，找出规律，融会贯通，使资源中的语文元素知识化、系统化、理论化，使学生领悟到语文学习的特点和规律，为今后的终身自主学习奠定基础。

三是生态学习过程的实践。任何教育都是需要实践的。大学语文也是如此，生活语文来自生活，也必须在生活中加以应用和检验，并创造出更多的语文资源以供体验。大学语文作为一种母语学习，将理论用于实践其实是每时每刻都在进行的。但这里强调的是，在实践过程中需要有明确的倾向性和超越性。语文课程中学到的语言规律、文学常识、审美方式等等，教师都应该引导和要求学生有意识地在日常阅读写作、交往表达中去应用，并不断尝试和训练自己的模仿、加工和创新。

目前最直接的实践是课程考核，也就是考试。传统意义上考试虽然能够有针对性地检验学生对语文知识的学习效果，但对于学生的综合语文能力、语感、创作能力的评估还是比较有限的。因此，考核方式的多样化和科学化值得去深入研究。

大学语文对个体的学习过程来说，理论上就应该是一个"体验—提炼—实践"的单向流程，但同时整个学生群体的学习过程，又是一个无限循环的闭合过程，实践为教学提供了源源不断的资源。把握这个动态的过程，有利于大学语文课堂的生态化，从而促进大学语文教育的生态平衡。

3. 构建生态化评价体系

生态课程的评价对象不应仅仅是学生的学习效果，还应有教师的教学效果。一般来说，教学评价包括对教学过程中教师、学生、教学内容、教学方法、教学手段、教学环境、教学管理诸因素的评价，但主要是对学生学习效果的评价和教师教学工作过程的评价。评价的方法主要有量化评价和质性评价。

在教育生态理念的指导下，大学语文需要构建一种开放、多元和注重过程的教育评价体系。

教育评价内容开放性。不论是对教师还是对学生的评价都应该考虑多种因素，在内容上体现开放性。例如对教师教学的评估至少应该从教学理念、教学资源、教学过程、教学方法和教学效果等多种角度去评估，同时要考虑教学环境、教学管理、学生互动等多个方面的因素。同样地，学生的学习效果评价，目前大学语文多数采用平时成绩加期末成绩的方式。期末成绩又有两种方式，一是考试，二是考查。考试多为闭卷，形式与中学相似，考查多为开卷，以写作为主。这种现行的评价方式也忽视了与学生学习有关的其他因素，孤立静态地去看待学生的学习效果。这就要求我们在考核方式上更加丰富，从学生参与学习的主动性、创造性、全面性等多个方面设置考核方式和指标。

教育评价主体多元化。在对教师的教学评价和学生的学习评价中，应该根据实际情况，适当加入其他学科教师、教学管理者、学生家人等多个主体，通过不同主体的权重分布来吸收和接纳他们对教学效果的评价。

例如集中选拔和聘请一部分其他师生，随机进入课堂进行课堂教学观察，及时记录和评估。同时不定期邀请辅导员、班主任、教辅人员和家长，对教师的教学和学生的学习进行问卷调查和座谈，且给予评价。这些方法其实在中小学就已经被使用了，但对大学语文来说还很陌生，基本上没有采用。而众所周知的是，只有保证了主体的多元，才能避免目前评价体系中语文老师一个人打分决定学生成绩，学生可以根据自己喜好给教师打分，因此具有随意性和主观性。这种随意性和主观性带来评价非常片面，也造成了师生之间的评价成为二元对立。比如有的教师给学生打高分，学生就给教师打高分，反之就在网上评教给予"报复"。

教育评价方式注重过程性。教育评价的方式有多种多样。而对于大学语文课程来说，将课程看作是一个动态的过程，因此，对大学语文的评价也应该是以过程作为主要指标范畴的。现在普遍运用的以考试成绩或者论文等级来评定学生学习效果，以学生评教分数来评定教师的教学效果，很明显不能发挥评价的指导性作用。要促进教师和学生的发展，就不能只对学生的学习情况和教师的教学情况作简单的好坏之分，而在于强调其形成性作用，注重其发展功能。课堂观察是行之有效的过程评价方式，需要定量与定性相结合，设计出科学有效的量表。

从实际操作层面，大学语文课程的评价体系可以构建以下两个教师教学评价系统。

（1）教师的教学评价

具体内容：课堂观察（40%）、问卷（30%）、个别访谈（30%）。

评价主体为：其他师生组成的评教人员、学生和其他学科教师以及教辅人员和家长。

（2）学生的学习评价

具体内容：课堂观察（20%+20%）、考试或考察（40%）、问卷（10%）。

评价主体为：其他师生组成的评教人员和教师以及教辅人员和家长。

第二节　打造创新型教师队伍

一、创新型语文教师的基本素质

教师是教育成功的关键因素，影响着人的一生。习近平总书记在全国教育大会上指出，教师是人类灵魂的工程师，是人类文明的传承者，承载着传播知识、传播思想、传播真理、塑造灵魂、塑造生命、塑造新人的时代重任。这是对教师职业的性质认定与基本要求。而作为大学教师其使命担当应该有更高层次的要求，这是因为中国特色社会主义进入新时代，人类正在走向创新创造、构建人类命运共同体的智慧新时代。新时代需要新教育，新教育呼唤创新型教师。在实现民族伟大复兴中国梦的征程中的大学教师，其使命更崇高，任务更艰巨。就专业学科而言，实现创新型大学语文教师时代化升华的本质内涵，是造就高尚的道德情操、渊博的文化知识、高超的言语技巧、睿智的思维能力以及宽广的胸怀和娴熟的教艺，才能成为学习型、专家型、引领型、创新型教师。

（一）职业道德素养

改革开放后，国家经济不断发展，人们生活水平不断提高，对生活上的需求程度也随之提高，教师作为教育行业中的核心人员，人们对教师的要求也在不断提高。"职为人师，人之所敬""有理想信念，有道德情操，有扎实学识，有仁爱之心"的四有教师既是党对教师的基本要求，也是社会对教师职业的价值认定。面对这样的情况，大学语文教师要明确自身价值的重要性，不仅要做好"教师"，重要的是要做好"人师"。首先就要从职业道德入手，加强淬炼与提升。教师的基本要求包括高尚的职业道德情操、渊博的文化知识素养、高超的语言表达技巧、睿智的逻辑思维能力、宽广的胸怀、娴熟的教艺等。从高尚的职业道德情操开始分析，不论是教师还是其他任何行业，职业道德情操都是必须具备的，只有具备了职业道德，才能真正地投入到工作中去，提高工作质量，主动推动教育质量、教育水平的不断提升。职业道德是道德的一种，也是道德对职业活动的一种特殊要求，同时职业道德也是道德体系中的重要组成部分。对于大学语文教师而言，职业道德要求教师在教学过程中要遵循相应的服务标准和行为标准，这些标准中包括教师和学生、教师和教学、教师和教师之间的关系。职业道德也是评价教师行为的具体标准，因此，职业道德可以包含三个方面：第一，教师教学具有的专业技能，且专业技能有着对应的道德标准；第二，教师在教育过程中必须遵循的道德规范；第三，教师必须遵守的社会准则。对大学语文创新教育工作来说，大学语文教师需要具备的高尚职业道德是指教师在进行大学语文教学时必须根据教师职业道德和大学语文教学的本质特征，调整大学语文教育过程中必须遵循的相关原则。此外，高尚的职业道德也要求教师在其专业领域内，行使专业的权利，完成自身的责任和使命，主要包括大学语文教师职业的道德信念、道德责任，以及对大学生的伦理责任，更好地推动大学教学的全面发展。

随着时代的发展，社会对教育提出了更高的要求，无论是国家的发展还是社会的进步，抑或是学生的成长，都需要教师具备良好的职业道德，才能够更好地完成教育工作，可以说职业道德和教师发展相辅相成，职业道德决定教师的行为，教师的行为也反映出了教师职业道德意识的变化。教师只有具备高尚的职业道德情操，才能成为学生的指导者、引领者，才能起到言传身教的示范作用，不断激发学生的学习兴趣，让学生的综合素质得到全面的提升。可以说，职业道德是衡量教师的第一标准，如果没有职业道德，那么其他的要求也就失去了意义，想要保证教师的研究水平得到真正的提升，推动大学语文创新教育工作的全面发展，就要保证教师具有高尚的职业道德，这是教师基本要求的基础与核心。因此，教师必须对教学发展提出具体的想法，而这些想法是在职业道德基础上提出来的创新方案，以此保证创新方案的有效性和科学性。和其他职业不同，教师的职业对象是变化的、成长的，而教师的职业道德会对教育对象产生深刻的影响，甚至会改变教育对象的生命轨迹，如果教师具有高尚的职业道德，那么就会对学生造成深远的影响，甚至影响学生的一生，让学生终身受益，学生一生都会在教师的影响下，形成优秀的品德，通过学生影响家庭，影响社会乃至更多的人。由此可以看出，教师具有高尚的职业道德，是保证教育成功的重要因素。

加强大学教师职业道德建设，首先要提高思想认识，要把教师思想政治素质和职业道德水平放在教师队伍建设的首要位置。一方面，学校党政组织要强化师德师风建设，通过全校范围内的师德师风学习、宣传、教育、表彰、督查等活动，对全体教师进行统一要求，统一管理，高标准考核，增强每一位教师立德树人、教书育人的责任感与使命感。另一方面，要从教师自身建设抓起，加强个人道德修养，强化自我约束，树立崇高道德规范，崇尚科学，热爱职业，遵纪守法，恪尽职守，增强师德师风建设的责任感与紧迫感。其次，要从专业成长着手，打造过硬本领，深化引领作用。教师作为传道授业解惑者，直接影响学生价值取向与专业素养的形成。因此，作为大学语文教师要充分发挥身正为范的引领作用，打造高超育人水平，坚持教书与育人相统一、言传和身教相统一、潜心执教和关注社会相统一、学术自由和学术规范相统一，真正做到学为人师，行为世范，形成严谨治学、诚实守信、追求卓越的学术风格和优良教风。最后，要坚持终身学习，善于反思，不断进取。在学术和教育教学上狠下功夫，反骄破满，求真知，务实情，寻真理，及时更新知识结构，科学运用先进技术，积极投身教学改革，创造性地从事教育科研，以高水平教育教学成果追逐梦想。

（二）文化知识素养

对于教师而言，劳动输出的方式以脑力劳动为主，劳动方式较为独立、灵活，这是新时期很多高校研究人员的重点研究内容。大学语文教师的一项基本素养就是要具备渊博的文化知识素养。渊博的文化知识素养，可以让教师的个人魅力得到提升，也能够让教师更好地引导学生，从而不断提升自身的教学水平和教学质量。如果一个大学语文教师知识面窄，语文贫乏，水平不高，那么在实际教学工作中就会出现力不从心、捉襟见肘的尴尬局面，在课堂上无法解答学生提出的问题，也不能够给学生带来有价值的见解，最终导致课堂教学质量低下，学生学习兴趣不高，最终被淘汰。而教师秉持积极的学习能力，强力的探索精神，不断积累文化知识，在课堂上引经据典，访古问今，通过不同的方法，吸引学生探究知识的奥秘，辨别实物的真伪，给学生带来积极向上的价值观念、人生观念和世界观念。

在这样的情况下，教师不仅会成为学生的引导者，同时也会成为学生的成长榜样和奋斗伙伴，从而带动学生全面地发展，教学质量不断提高。同时，还能为教学研究工作提供全面的帮助，进而更好地促进教学改革与创新。

教师的文化知识素养，是指教师在教学活动中遇到困难可以有效解决，在研究工作中能有独特见解，游刃有余，这些能力集中体现在知识运用的熟练程度上。说千道万，教师水平是关键。大学语文教师的水平应体现在具有本学科所需要的全部知识上。首先，要有广博的科学文化基础知识，包括社会科学、自然科学、人文学科、新型学科等，这是由语文学科知识的丰富性和综合性决定的。从某种角度来说，大学语文教师应该是一定程度上的"活字典"和"百科全书"，只有这样，教学中才能得心应手，左右逢源。正如《礼记·学记》所言，"学然后知不足，教然后知困"[①]，这在教学过程中体现得非常明显。其次，大学语文教师要有扎实而精深的专业知识，其中包括语言学、文学、美学、古代汉语、现代汉语、文学理论、文章学、写作学、哲学、历史学等。牢固而系统地掌握这些专业知识及其相关技能，是大学语文教师必备的能力，只有这样，才能传道授业解惑。最后，就是作为大学语文教师还要具有丰富的教育理论知识和现代信息技术知识。当今时代，能否掌握现代教育理论，包括教育学、心理学以及现代教育技术，不仅关系一个教师教学活动的成败，而且也是衡量一个教师是否符合新时代教师职业要求的基本条件。因此，大学语文教师的教育理论和研究能力要与时俱进，不断提升。随着人工智能的发展，很多体力劳动甚至智能劳动都将由机器和软件代替，创新创造型人才培养倒逼教师发挥创造能力，成为知识、技能、创新三位一体的复合型教师，以适应新时代对人才培养的需要。

大学语文教师必须具备综合性的文化知识素养，使之眼界开阔，知识渊博，思维敏捷，反应灵活，善于用智慧塑造高尚人格，传承优秀文化，这不仅是自身价值追求，更是职业要求。尤其是大学语文教师更应该加强语文专业修养。首先是人格修养，形成积极的人生理想、独立的思想观念、深厚的人文素养。语文教师的人格魅力不是追求完美，而是发展积极的心态，表现真实的自我，其个性的基础和核心都是自己生命感悟、孕育出的思想。因此，要想发展必须学会思考，善于反思，树立观点。崇尚科学，追求真理，独立思考是每一个语文教师坚守的人生信念。语文教师的人文素养主要体现在两个方面，一是人文知识，二是人文信仰，具体而言，就是对哲学、宗教、历史、社会、文学、美学等知识的通晓以及对社会人生的深情关怀，并把人文知识内化为自己的人文精神和人格力量。而

---

① 戴圣.礼记[M].西安：西安交通大学出版社，2022.

语文教师的道德理想又是对现实问题的超越，始终坚持综合系统的理想主义价值取向，以道德之心对待学生，以自律之心对待自我，以宽容之心对待社会，并通过教师职业影响学生与社会。具备其理想的语文教师，一定会敏锐地发现语文课程的重大意义，深入开拓语文课程的积极价值，不断探索语文课程的诗意境界。其次是学术修养，形成专家型教师。大学语文教师学术修养的核心是语言文学素养，要对语言的掌握和理解达到精深熟巧的程度，要能熟练地操作和富有创造性地运用语言，具备丰富的阅读经验，熟悉文学艺术的知识体系和历史渊源，能用扎实的知识顺利解决教学难题。语文教师的教学能力还需要具备教育科学理论，包括教育哲学、教育学、教育心理学和语文教育学，这是成熟教师的教学理论基础。教师只有了解教学规律，运用科学的教学方法，才能有效发挥学生的主体作用，从而获得最佳教学效果。最后是能力修养，形成教育艺术家。大学语文教师的能力结构应该是复合型的，包括语言传媒运用技能、言语表达技能、教学设计技能、课堂控制技能、语文活动技能、教学评价技能以及教学研究技能。多种技能中，语言和思维能力是非常重要的，但却往往被忽略。语文教师的语言既是教学的工具，也是教学的内容，它包含着丰富的文化信息，具有强大的激发和组织功能。教师的语言修养在很大程度上决定着学生在课堂上获取知识的效率。而教师的教学能力体现在教学过程中：一是以高度责任感创造性地履行好自身职责；二是有明确的教学目的，不但要让学生掌握语文知识和技能，而且还要对学生进行感情价值教育，培养学生独立获取知识的能力；三是要有效发展学生的思维能力，通过教学活动让学生在掌握语文知识的同时将知识转化为读写语文交际能力，不仅要发展学生的常规思维能力，也要发展学生多项思维能力，提高其思维品质，并借以发展学生的智能。

综上所述，教师的知识文化素养不仅可以提升自身的教育教学水平，也会在潜移默化中影响学生，引导学生，让学生认识到知识的重要性，此外教师在实际应用的过程中，丰富的知识文化素养也可以让教师从多角度开展教学活动，根据教学内容进行有机拓展，让学生体验到更加丰富的教学内容。

（三）语言表达能力强

教师在实际教育教学工作中一刻也离不开语言的运用，包括备课、上课、批改作业，和家长、学生沟通，这些工作都需要教师具有高超的语言表达技巧，才能保证工作的顺利开展。语文是一门学科，也是一门艺术，教学的每一个环节都闪烁着创造的智慧，语文的教学过程实际上也是语言实践的过程，教师语言的形象性、启发性是教学艺术最重要的特征。通过打比方、做类比、举例子、摹声、绘状等艺术处理，使学生感知语文教材，如临其境、如见其人、如闻其声，从而产生巨大的感染力，促使学生的感知、思维、理解和想象等认知活动的积极展开。综合运用叙述、说明、论证、抒情等各种表达方式，则可以化难为易，引起共鸣。娓娓动听的讲解，丝丝入扣的分析，循循善诱的点拨，引人入胜的谈话，跌宕起伏的节奏，都能令人荡气回肠。教学语言的抑扬顿挫，诙谐幽默，或是慷慨激昂，深沉委婉，都能令人回味无穷。语文教师的语言具有鲜明的学科性质，即可感性、情感性和启发性，具备了这些语言特性，就能将深奥的事理形象化，把抽象的事物具体化，把无声的文字变成有声的语言，生动再现教材的思想内容。所以，大学语文教师理应成为运用语言的艺术家。

教师这一行业非常特殊，所承载的使命是塑造人的灵魂，所以语言的表达对于任何教师而言都是一个重大命题。从某种角度来看，教育就是作为语言而存在的人的精神活动，教师语言的传达直接作用于学生的心灵，成为师生灵魂交往的桥梁，促使学生产生新的思想。大学语文教育相当于一种高级语言教育，具体指的是大学生听、说、读、写能力的培养。新时代新媒体所构筑的视听文化氛围，为学习者提供了广阔的学习平台，获取知识的途径越来越丰富，各种电影、电视、网络资源中具有丰富的关于文学、艺术的语言资料，不仅对大学生构成了强烈的吸引力，而且也对大学教师的语言素养提出了更高的要求。言之无物不行，言之无味同样难以让大学生所接受。必须承认，现实中大学课堂教学是享受还是忍受，取决于教师在教学中的语言素养与表达技巧。所以，大学语文教师的教学语言理所当然应具有语文学科的性质，体现语文学科的特征。在具体教学过程中需注重语言运用的幽默美、叙述美、哲理美和抒情美。

在信息时代，从美学角度来看，人们生活在一个充满戏剧气氛的历史环境中，或冷或热的幽默性语言更能迅速有效地贴近、牵动、抓住当代大学生的耳膜。孔子曾说过："知之者不如好之者，好之者不如乐之者。"[1] 通过幽默和风趣的语言教学，可以增强学生对学习的积极态度，激发学生的兴趣和热情，使他们在学习中

---

[1] 孔子弟子. 论语 [M]. 北京：线装书局，2019.

感到轻松愉快，如沐春风般畅快。在课堂教学实践中，那些幽默风趣教师的用语风格更容易引起学生共鸣，以及建立良好的沟通关系。他们展现出了聪明智慧，同时也展示了自己的魅力和个性。

在大学课堂中，哲学性语言可以引导学生进行深入思考，涉及各种规律性探索，并培养出新的精神能力，使他们适应时代的生活和学习。与哲学相比，文学更倾向于情感、具体与感性，而不是冷静、抽象和理性。如果教师能够善于掌握这些哲学性的言辞并运用得当，那么就能够帮助学生更深入地理解课文。在解读鲁迅的《伤逝》时，鉴于作品所蕴含的深刻内涵，教师可以深入探讨关于爱情的哲学思考，而非仅限于表面的爱情描写。教师可引导学生深入讨论"爱"实际意味着什么，促使学生展开深入探究。通过提出深刻的哲学问题，可以激发学生的思考、引发辩论，并且帮助他们更深入地探讨和理解相关议题，这种方法能够产生更加持久和强烈的思想冲击。深思熟虑的思考不仅对学生的智力发展有帮助，还有利于提高他们的辨别、分析、总结和推理能力，同时也有助于培养学生独立自主的精神。

大学语文教学中的文学性、趣味性、知识性和综合性特征，在很大程度上是通过故事的传达来实现的，教学实践证明，故事的磁场力量有时比单纯的理性传达更为强大。在课堂上，如果老师所讲的故事内容和表达方式都很优秀，那么通常可以在听众中创造出更具影响力和生动的效果。通过讲故事，可以达到一般道理灌输所无法达到的效果。大学生缺乏广泛的生活阅历，可以通过生动有趣、意义深远的故事和人物来拓展对生活、文学、历史和人生的认识和探索。通过讲故事吸引大学生的注意力，引发他们的深思和领悟，帮助他们跳出对表面的欣赏，专注于语言的优美之处，培养他们的语言想象力和表达能力。在教学过程中，老师应该选择更多体现大学语文风格并与现实生活密切相关的文本，这些文本应具有历史、文化、时代和个人特色，让学生从中吸取知识的营养，在历史长河中培养自己的思考能力，并锻炼自己的能力。

大学语文教学中教师语言的情感因素不可忽视。德国教育家雅斯贝尔斯说过："教育是人灵魂的教育，而非理智知识与认识的堆积。"[1] 感人心者，莫先乎情。大学语文课程中所选的文章皆为古今中外语言大师的作品，代表了情感的高度表达。

---

[1] 卡尔·雅思贝尔斯.什么是教育[M].陈巍，译.上海：上海人民出版社，2022.

这些文学作品传达了有关"爱"的教育理念,鼓励学生去追求真、善、美。在进行专业学习的同时,注重培养感性理解和沟通表达能力,有助于提升学生的情感修养和文化素养水平。假如教师能将自己的情感与文学作品中的情感相融合,那么在运用各种不同的语言表达方式时,真诚表达对自然、生活、祖国、历史的热爱,远离社会中功利导向的干扰,这样便可以体验到美好情感的启示和慰藉。在探讨《春江花月夜》这首著名的唐诗时,我们可以看到这部作品传达了对大自然、人生、时间和爱情的深沉感悟,情感内涵丰富且复杂,触及面广且深刻。然而,对于那些尚未有足够阅历和情感经验的大学生来说,要深入理解作品的情感和意义并不容易。这就需要教师在课堂教学中,通过深刻思考和深情体验将这些重要的人生命题贯穿其中。在阅读、讲解和分析的过程中,教师可以运用感伤深邃、博大通达的抒情语言,使学生能够真切地感受到教师对作品情感的理解与共鸣。学生会被老师真诚的情感所打动,激发他们投入更多的感情和思考,与古代作者的心灵联系更加紧密,从中得到心灵和精神上的启发。

总的来说,大学语文教师的语言表达应该注重展现个人独特的风格和特点,而不是机械地运用技巧。在大学教学中,煽情的语言必须与现代理性精神和智慧思想相结合,才能产生更好的效果。只有通过高水平的结合,才可以展示出大学语文教师内心深处丰富的情感,而这需要教师自觉地积累知识,以及进行艰辛的能力训练。

(四)逻辑思维能力强

逻辑是关于概念、判断、推理的科学,它属于思维训练的内容,它与人的认知能力有关,人的认知能力强,它对规律意义上的逻辑把握就好一些,逻辑思维能力最重要的是观察、思考和表现事物规律的能力。读书有规律,这就是读书的逻辑;记忆知识有规律,这就是记忆的逻辑;教学有规律,这就是教学的逻辑。大学语文教师应该掌握系统的逻辑知识,而逻辑思维训练主要是两个方面,一是逻辑知识修养,二是逻辑思维能力训练,这对于大学语文教师而言十分重要。因为思维能力与语文教育的关系十分密切,思维教育在整个教育活动中具有重要地位。语言和思维之间存在着密不可分的联系,语言是思维的直接呈现形式。解决语言问题需要大量的思维活动,包括想象、联想、分析、综合、抽象、概括、判断和推理等。在处理语言时,形象思维和逻辑思维相互配合,相互促进;在表达语言时，复杂而紧张的思维活动在背后支撑；在选择词句时，分析比较是至关重要的；而在保持语言表达有序、统一和合乎逻辑时，抽象概括则扮演着重要角色。所以，大学语文教师必须具备睿智的逻辑思维能力。

苏霍姆林斯基说过："真正的学校应当是一个积极思考的王国。"[①]真正的语文课堂一定是学生有效思维的天堂，一定是弥漫着一种浓烈思维文化氛围的阵地。在实际教学活动中，教师承担着引导学生形成正确语文逻辑思维能力的重任，而这一职能要求教师需具备睿智的逻辑思维能力。对于教师而言，逻辑思维能力是完成大学语文创新教育工作的基础，如果教师的逻辑思维能力较差，那么教师就无法完成大学语文创新教育工作，更不能够保证大学语文创新教育的实际效果，严重的情况下，还会对学生造成一定的负面影响。首先，大学语文教师要以睿智的逻辑思维能力为基础，具备整合知识、创造知识的能力，善于总结不同知识之间的联系性，并且将其上升成为一种全新的知识体系，以此引导学生在脑中形成语文思维逻辑，将语文知识和社会实践相结合，真正让学生做到学以致用。其次，教师要具有创新逻辑思维的能力，也就是要在教育教学环节中，具有变通的思维能力。比如，教师在讲解《雷雨》等作品时，可以从中找到精彩的环节，让学生扮演其中的角色，通过表演体会作品内容；而在讲解《祭父》时可以让学生根据自身的见闻或者经历展开讨论，通过不同的教学手段和教学形式，提高学生的课堂参与度，让学生更好地解决问题。大学语文教师必须具备创新性的逻辑思维能力，善于发现学生的潜能，因材施教，多角度全面化地培养学生。大学语文教师一旦具备了睿智的逻辑思维能力，就可以更好地运用综合性的教学方法和教学艺术，让学生真正成为社会需要的人才，教师也会成为创新型人才的培养者。大学语文作为公共基础课程之一，具有提高学生人文素质，丰富学生语言应用能力、思维能力的作用，教师必须处理好逻辑与语文内容融合的关系。语文重在语言，逻辑重在思维，如果不注意逻辑融入语文，那么相互之间就会很容易产生割裂，要想方设法将逻辑知识渗透到语文的全过程中，贯穿在词语解释、作业、演讲等学习活动中，在具体的教学活动中进行思维训练，不断提升自身能力。

逻辑思维能力的培养工作极为重要，教师可以通过旁听其他优秀教师的示范课来观察、体会优秀教师的教学思维逻辑，对于自身的思维逻辑形成提供了一定

---

① 苏霍姆林斯基. 教育的艺术 [M]. 肖勇，译. 长沙：湖南教育出版社，1983.

的参考，从而为大学语文创新教育工作的全面提升奠定基础。教师只有具备了良好的逻辑思维能力，才能更好地完成自身的使命，为社会培养更多的优秀学生。比如，某校教师定期去向校内执教经验丰富的大学语文教师讨教，并且旁听其他语文教师的课程，感受其他教师的思维逻辑，以及积累丰富的教学知识和教学手段，进而对自身的教学方式产生一定的认识，丰富自身的研究内容，为研究工作提供全面的参考，有效避免研究方法单一和教学质量低下的问题，还能让学生得到高质量的教学环境和教学氛围，真正引导学生形成优秀的逻辑思维。因此，教师必须突破原有的思维模式，创造性地完善教育信息，更新教学内容，借此激发学生的学习兴趣，引导学生了解语文学习，形成综合性的发展。

除了上述内容之外，大学语文创新教育工作也需要教师具有睿智的逻辑思维能力，只有如此才能够通过课堂内外的讲授和指导，引导学生进入语文知识的世界里，成为具有创新精神和实践能力的综合性社会人才。通过文献研究法对国内多个大学语文创新教育研究工作文献进行研究发现，优秀的教师不仅要具有极高的职业道德素养、丰富的知识素养以及表达能力，还要具有良好的逻辑思维能力，这样才能够保证教师得到全面的发展，并且促进大学语文创新教育工作的日益完善，以及教学水平的不断提升。

（五）胸怀宽广

对于教学人员而言，不论是逻辑思维能力、知识文化素养、语言表达能力，都是对教师自身职业知识水平的要求，而职业道德素养代表着教师对待工作的态度，而宽广的胸怀，则是在职业道德素养的基础上，对教师个人人格提出的一个基本要求。教师在日常工作中，经常需要面对学生家长的误解，学校上级领导的批评，甚至是学生的误解，如果教师不能合理调节自身的心态，就会对学生造成一定的影响。宽广的胸怀是教师必备的基本要求，教师在实际工作过程中，如果无法调节自己的心态，不仅会对自身造成影响，也会给学生带来影响。教师要认识到除了传道授业解惑之外，教师也会对学生的世界观、人生观、价值观带来一定的影响，如果教师不能合理地控制自己的情绪，会对课堂教学效率、课堂教学情况造成阻碍。比如，教师在教导学生的过程中，学生可能会作出逆反的举动或者言语，如果教师也采用同样的态度，那么只会让事情进一步恶化，而教师采取更加科学合理的方法解决，让学生主动认识到自己的错误，而不是心存怨恨，这才有利于学生心理健康和人格塑造。以某校教师为例，该校教师为了更好地和学生进行沟通，建立了相应的微信群，询问学生的学习情况，和学生交朋友，为学生解决生活中的问题，教师主动为学生排忧解难，包容学生的小错误，从而让学生感受到教师的包容，体会到教师的关爱。在这样的关系下，教学效率和教学质量也会在无形之中得到提升。想要做到这些需要教师具有宽广的胸怀，包容学生，从而更好地开展教学活动。同时，教师也要包容家长，很多家长对学校的实际情况并不了解，通过学生片面的描述，从而产生误解，此时，教师要耐心地同家长进行解释，获取家长的信任。教师是一种特殊的职业，并不是一个知识丰富、教学优秀的人员就是教师，一个教师必须具备宽广的胸怀，能够在家长和学生之间得到一致好评，这才能算作一个优秀的教师。大学语文创新教育工作中将宽广的胸怀作为创新型教师的基本要求，必须保证教学人员以宽广的胸怀来对待教学工作和教学研究工作。但是，宽广的胸怀并不是要求教师一味地退让，教师要学会保护自身，合理地使用自身拥有的权利，保证自身能力得到科学的运用，做到以德服人，从而为学生树立一个榜样，让学生也朝着同样的方向去发展，这才是创新型教师在大学语文创新教育工作中需要起到的作用。教师不仅是学生的引导者，也是学生的参考形象，大学生在毕业后即将步入社会，教师要在此时，给学生传达出正确的人生观、价值观和世界观，才能够让学生成为对社会有用的人，成为社会的栋梁，为中国民族的伟大复兴作出贡献。比如，教师可以成立家长微信群和学生微信群，定期和学生、家长进行沟通，保证学生和家长都感受到尊重，在这样的情况下，教师可以更好地开展教学活动，就会得到家长和学生的支持，以此在日常教学活动中得到帮助，并且更好地推动大学语文创新教育工作，让大学语文创新教育工作得到真正的落实。

（六）教学能力强

目前，大学语文教学面临着严峻挑战，教学效率不高是普遍存在的问题，从教师本身素质建设的角度来看很有反思的必要。随着社会的发展，人们对创新型教师有了全新的定义，语文教学改革的关键在于提升语文教师的教育素养。教育素养包括教育观念与个性、教育理论知识、教育能力和技巧。语文教师不仅需要扎实的语文专业素养，更需要具备优秀的教育素养，才能在教学中取得更好的效果。学者的语文专业水平高并不意味着他们就是优秀的教师。教育素养对于教学效果同样至关重要。教育素养的提升需要语文教师不断学习教育理论知识，培养良好的教育观念与个性，以及提高教育能力和技巧。当前，提高语文教师的教育素养已成为亟待解决的问题。语文教师需要深刻理解教育的本质和语文教育的规律，不断提升自己的教育素养。只有如此，才能更好地引导学生，激发他们学习语文的兴趣和潜力。丰富的教育素养是一位合格语文教师的必备素养，但是，在大学语文教学中只重视知识的传授，不重视教学艺术已成为不争的事实。所谓教学艺术，就是教育素质在教学过程中的体现，是提高教学效果的技巧与方法。教师只有具备了娴熟的教学艺术后，才能够在教学活动中更好地把控流程，保证教学工作得以全面进行。想要成为一名优秀的创新型语文教师，就要做到德艺双馨，除了具有高尚的职业道德情操和坚忍不拔的工作态度以外，还要具备高深的学术造诣和知识文化素养，熟悉语文学科的教学方式方法，才能在教学研究和教育教学工作中不断总结经验教训，坚持双向发展，将大学语文创新教育工作的成果全面落实，以此拓展学生的语文思维，让学生得到全面发展。

教师要以娴熟的教艺作为追求目标，不断加强教育素养的修炼，提升自身素养。学校也要加强师资队伍的建设，通过经验丰富的老教师来带动新教师的发展，对新教师形成引导和示范，以此吸引更多的教师积极开展大学语文创新教育工作，创新发展出现代化的大学语文教育方法、思想以及人才培养模式，让学生从根本上提高学习质量，满足学生的学习需求，提高学生的学习成绩，进而提高教师的教学质量，满足大学语文创新教育工作的要求。高校教师的教学艺术包括教学方法、教学手段、教学观念等多个方面。对于教师而言，如果教师没有娴熟的教艺，那么即使教师拥有高尚的职业道德情操、渊博的文化知识素养、高超的语言表达技巧、睿智的逻辑思维能力、宽广的胸怀也无法让教学工作得到充分发展，因此教师必须科学地采取教学手段，综合使用多种教学技巧开展教学，满足教学模式的发展要求。近年来，信息技术的全面发展，让很多教师都开始应用多媒体技术，但是随着多媒体技术的发展，信息技术的普及，这种教学技术还需要得到更进一步的发展，才能够真正地促进教学水平的提升。比如教师可以改变多媒体技术的利用方式，将其和传统教学方法有机结合，借助多媒体技术的同时，也采用传统教学方法中有效的教学手段，保证教学质量，推动教学活动的全面开展。对于大学语文创新教育工作而言，重点在于创新，教师具有娴熟的教艺，就会帮助其更加合理地采取教学方式，在不同的教学方式之间进行切换，并且对教学方式进行优化，让教学方式的作用得到充分的发挥。以提问的方式为例，课堂提问是一种传统的教学互动方式，但是，这种方式如果得不到合理的应用，就会变成教学的形式化，甚至引起学生的反感，继而对教学效果造成影响。课堂提问法也可以让教师对教学内容进行全面的考核，并且第一时间了解学生的学习情况，因此教师可以对这种提问方式进行优化，比如，教师可以采取小组提问的方式，通过小组之间的讨论，加强学生之间的沟通能力，或者可以在课堂的最后留出一定的时间，对课堂教学内容进行考核，合理选择考核问题，既要照顾学习能力相对较差的学生，也要考虑学习能力较强、学习成绩较优的学生，并且通过生生互评、教师评价的方式，让学生明确自身存在的不足，也能够让教师了解学生对知识的掌握情况，进而更加有针对性地展开教学。不仅是课堂提问教学法，很多传统的教学方法都具有优秀的教学效果，只是需要教师对其进行合理的判断，让教师更好地面对学生，更加直观地面向教学活动，切合学生的学习心理，为学生构建出良好的学习方式，引导学生正确地开展语文教学活动。

二、语文教师应创新教学理念

（一）从主讲转变为主导

在对创新型大学语文教师进行研究的过程中可知，思路创新和视角创新是大学语文创新教育研究工作中的重点内容，而教师作为大学语文创新教育工作中的主体人员，必须树立创新性的教学观念，在树立创新性的教学观念中，第一要素就是要变主讲为主导。纵观国家教育行业的发展情况，在传统的教学方式中，教师是课堂的核心，承担着主要的教学任务，课堂上教师占用的时间最多，而学生处于被动接受的地位，在教学过程中被动地接受知识，自我消化的时间较短。对于中国应试教育而言，这种教育教学手段的效果最为明显，能够让学生取得十分优秀的成绩。但是随着改革开放程度的不断加深，国外文化的传入，对中国教育行业造成了一定的影响，而且新时期，社会需要综合性、创新性的人才，采用传统教学方法培养出来的学生，虽然具有较强的理论知识，但是实践能力较弱，创新性较差，无法胜任一些创造性的职位。所以改革旧的教育教学方式是必然的选择，比如，教学时间要尽可能地缩短，学生的互动时间要适当延长。在传统教学模式下，教学时间可能占据课堂整体时间的95%，现如今，必须将教学时间缩短到50%，甚至更少。教师可以采用微课、翻转课堂等新时期出现的教学模式，从固有的主讲转变为主导，以指导、引导为主，让学生主动思考问题，让学生参与到教学互动中，改变以往的讲解式教学方法，采取理解式教学方法，将大部分课堂时间留给学生，少部分时间作为教师的教学时间，形成与现代人才培养相适应的教学观念。

教学观念对教学实践具有指导作用，教师可以采用启发式教学、互动式教学，以此培养学生的学习能力、创新意识。教师自身的教学观念会影响其选择什么样的教学方法和教学手段，这就需要教师必须打破传统教学模式的限制，打开视野，大胆创新，变主讲为主导，在正确认识教学地位的基础上，选择合适的教学方式，以此保证教学方法的有效运用，让学生的综合实力得到真正的提高。比如，教师在实际大学语文创新教育工作过程中，由内而外肯定了学生的主导地位，将指导学生、引导学生作为教学的核心关键，在选择教学方法时，就会避开单一性的教学方法，而是选择一些互动性较强的方式，保证教学工作得到全面的开展，从而在实际应用的过程中，提高教学方法的有效性，保证教学方法得到真正的落实，以此不断提高自身的教学水平，保证教学质量。在新课改不断深入的过程中，教学地位发生了根本性的改变，以某高校的教师为例，该校教师在实际教学活动中，通过提问式教学法，让学生带着问题进行阅读，对课文进行自主分析，进而回答教师的问题，如果教师发现学生对课文产生错误的理解后，再来纠正学生，以此锻炼学生的阅读分析能力，也能够利用问题让学生明确阅读的重点，从而更好地开展教学工作，保证教学任务得到充分落实。

（二）形成开放性教学观

大学语文教学的核心原则之一，便是坚持教学的开放性，这也是新课程课堂教学所必须满足的基本要求。开放性教学强调在教学过程中，要有效激发学生的思考、感悟、体验、探索与发展，使学生的思维与心态始终保持开放状态，而非仅仅停留在被动接受知识的层面。因此，大学语文教学必须坚决贯彻开放性的教学理念，从而不断提升学生的综合素质和创新能力。

教师是教学方法的创造者，教学方法并不是独立存在的，也不是一成不变的，教学方法是教学活动的一种外化表现形式，很多教学方法中包括了教学经验，这是教师在实际应用过程中不断总结出来的。虽然，优秀的教学方法有很多，但教学方法要随着时代的发展而改变，要深入到教学活动中去，才能够符合时代的需求。然而，教育行业的实际发展情况是，教师身上担负着较大的教学压力，在社会、家长、学校等多方面的要求下，教师更倾向于采取传统直接的教学方法，以此保证学生的学习水平得到直观的提升，很少有教师愿意尝试创新性的教学方法，因为创新需要实证，也需要时间，有一定的风险，因此很难推进大学语文创新教育工作。大学教学既是传授知识与文化的活动，同时也是创造知识与文化的活动，因此教师必须变保守为开放，将大学语文创新教育工作成果应用到实际教学工作中，推动教学改革进程。教师必须积极地借鉴、发展以及创新出更多的教学方法，优化教学活动，勇于实践。很多高校教学人员都承担着教学研究任务，通过大学语文创新教育研究工作，教学人员得到了全新的教学方法理论，但是这些大学语文创新教育研究工作成果的应用情况却不容乐观，虽然很多教师都对教学方法极为重视，积极参加培训，但是大部分教师没有真正地认识到教学方法创新的作用。比如，教师在确定教学方法的过程中，很多教师都需要考虑到学生的学习背景、知识背景、接受能力等因素，从而保证挑选出来的教学方法符合实际。但是教师忽略了教学方法改革的根本目的是要改善课堂教学效果，让学生更加容易接受新知识，提高教学质量。而传统的教学方法已经不适用于新时期的教学环境，教师想要让学生获取知识，提高学生的实用能力，就要按照现代创新教育思想观念，注重创新，勇于创新。

教学方法是一把双刃剑，如果教学方法存在问题，就会对教学质量造成影响，还会让学生产生抵触情绪，因此，教师在变保守为开放的过程中，一定要从教学的实际情况出发，选择真正有效的新教育方法，让教学方法符合学生的发展情况，进而调动学生的学习积极性，通过实际的应用让学生的学习水平得到提升，也能让教师从主观上认识到教学方法的有效性，对创新教学方法的必要性有一个全面的认识。从保守到开放是一个漫长、系统的过程，不能将传统教学方法一棒打死，而要取其精华、去其糟粕，比如，武汉某高校的相关教学研究人员在进行大学语文创新教育研究工作的过程中，提出了一种全新的教学方法，这种教学方法将传统教学方式和现代化教学理念进行结合。以该名教师提出的全新教学提问法为例，传统的教学提问法，是由教师提问，学生回答，如果学生回答错误，教师就会给出正确答案。但是这种方法限制了学生的思考，依然是一种变相的知识灌输。而创新后的教学提问法，虽然也是由教师提问，学生回答，但是如果学生无法回答，或者回答不上来时，教师并不会直接给出答案，而是让学生自己寻找、思考，教师从旁细心引导，给予提点。学生会对由自己思考而得出的答案留下深刻的印象，同时学习自信心也会得到真正地提升。

教师要树立正确的教学心态，以及严肃的职业态度，正确分析该教学方法的科学性和可行性，并且将其应用到教学过程中，对于在教学过程中发生的问题，结合实际情况，对教学方式进行优化，以及让学生真正地感受到全新的教学方式，这样才会产生教学效果，这需要教师有宽广的胸怀和开放的视野，不断吸收新信息，接受新方法，才能促进专业发展，提高教育素养，也只有教师变保守为开放，才能让教学工作得到真正地落实，以此打造良好的大学语文创新教育工作氛围，提高大学语文教育教学人员创新教育工作的质量，保证教学方法的实际有效性，让大学语文创新教育研究理论和大学语文创新教育工作相结合，以此推动大学语文创新教育的发展进步。

（三）坚持多元化教学观

想要真正地树立创新教学观念，除了要变主讲为主导、变保守为开放之外，还需要变统一为多元。传统教育教学观念中除了保守性、主导性较强这两个缺点之外，还有一点，就是教学模式固定、单一性较强，因此对于大学语文创新教育工作而言，需要创新型教师变统一为多元，以此实现教学活动的多样化、多元化发展。只有如此，才能更好地吸引学生注意力，调动学生积极性，满足学生的实际需求，为学生发展创造出良好的课堂学习环境，保证学生得到全面的发展。变统一为多元也是创新型教师在实际应用过程中必须遵守的教学原则之一，通过落实多样化的教学手段，才能够让大学语文创新教育工作得到真正的开展。比如，教师想要从多个角度启发学生，让学生进行深入的思考，这就需要教师采取多样化的教学模式，提高其授课质量。在大学语文创新教育工作中，很多教师都认为语文知识重在积累，因此花费大量的课堂时间，要求学生记忆、背诵或者记录课堂笔记，但是这种单一化的教学方式，已经不符合新时代的教学需求。教师要将课堂时间进行科学的划分，留给学生更多的互动时间和思考时间。语文教学中积累固然重要，但是积累的实际意义是实践，如果只是机械地积累，最终只会让知识失去原本的价值。综合上述内容可知，教师需要改变传统的教学方式，积极采用多种不同的教学方法，让学生的学习能力得到真正的增强。比如，教师要变单一为多元，实际上任何教学方式都存在优点和缺点，单一的教学方式会让教学研究工作存在一定的问题，长此以往还会导致学生出现倦怠，对教学活动失去兴趣。教师要以学生为中心，综合利用多种不同的教学手段和教学方法，让学生有新鲜感，随时保持学习激情，让学生的学习能力、创新意识得到真正的提升。以大连理工大学的某位大学语文教师为例，该名教师在采用多媒体教学方法的同时，还采用了传统的教学手段，包括课堂提问法、启发引导法等，以此综合利用不同的教学方法，让学生的学习能力和创新意识得到提升。教师是教学方法的创造者和使用者，有效的教学方法要根据具体的教学背景和教育对象来确定，没有一成不变的教学方法，在教学活动中教师要根据实际的教学手段，运用综合性的教学方法，在实践中总结，在实验中提炼，这是大学语文教师基本的教育素养，也是大学语文创新教育研究工作的重要内容之一。对于大学语文教师来说，在创新过程中，不仅要积累丰富的专业知识，更为重要的是还要树立科学的教学理念，持续不断地完善知识结构，以此成为一个综合型、创新型的教师。

第三节 创新多样化教学方法

一、参与性教学法

（一）参与性教学法的形成

经过综合现代哲学、社会学、心理学和教育学的最新研究，大学参与性教学理念得以诞生，其代表着现代教育的一种崭新思考。该理念强调学生的参与，颠覆了传统"布道式"的教学模式，成为20世纪以来大学教学改革的核心议题，同时也标志着现代大学教育的新方向。这一教学理念在西方大学教育界受到了普遍的关注和重视，其实践与应用对提升教育质量、促进学生全面发展具有重要意义。近些年，英国大学一直积极倡导并实施"基于行动能力教育"（action based capability education）的理念，致力于推动教育模式的转变，由传统的"教师中心"向"学生中心"过渡。通过这种教育模式的变革，赋予了学生在学习过程中的主体地位，使其能够自主掌握学习的方向和方法，独自承担起学习的责任。这一举措旨在培养和锻炼学生的实践能力和综合素质，为其终身职业发展奠定坚实基础。1998年，美国卡内基教学促进基金会在教育报告中明确指出要将本科生从接受者转为探究者，每门课程都应给学生提供通过探索获得成功的机会。此外，日本、德国、加拿大等国的众多高校亦对参与性教学理念进行了深入研究和大胆实践。

20世纪90年代，我国高等教育研究界顺应时代潮流，积极引进现代大学参与性教学理念，旨在促进学生的主体性发展，进一步提高教育质量。实际上，我国春秋时代教育家、思想家孔子的启发式教学方式早已孕育了参与性教学思想的初步形态。在孔子的教育观中，教学并非教师单向灌输知识的行为，而是师生双方共同参与、相互作用的过程。后来《学记》进一步发展了孔子的这一思想，要求为人师者"道而弗牵，强而弗抑，开而弗达"[①]，即教师在教育教学过程中，应当悉心引导学生积极主动学习，同时以严谨的态度督促其完成学习任务，而非仅仅停留在知识的单向灌输上。书院，作为我国古代高等教育的重要组织形式，不仅承载了深厚的历史文化底蕴，还在一定程度上传承和维系了参与性教学的宝贵思想。这些具有前瞻性的教育思想，对当今大学教学改革有着深远的启示意义。

（二）大学语文参与性教学法的使用

大学语文参与性教学注重因材施教，提倡以学生的学科特点与专业背景为依据，以学生的实际接受能力为出发点，灵活融合各类教学方法，确保学生能够积极参与教学过程，强化其实践操作能力，从而全面提升教学质量与效果。长期以来，传统的"教师讲、学生听"的教学模式使学生在课堂上很被动。然而，随着教育理念的更新，参与性教学逐渐受到重视。参与性教学强调教师和学生之间的平等参与和互动，以共同构建知识体系。因此，我们迫切需要教师转变传统角色，由单纯的知识传授者转变为引导者和促进者。同时，也需要学生摒弃被动的学习态度，树立"主体性"的学习意识，积极参与到教学活动中来，与教师一同探索、发现和创造知识。大学参与性教学理念还强调教师应当率先发挥自身的主观能动

---

① 戴圣.礼记[M].西安：西安交通大学出版社，2022.

性，积极调动学生的学习热情，进而激发学生的内在学习欲望。通过科学合理的引导，帮助学生将这种欲望转化为内在的学习动力，直至学生能够自主地确立自身在学习过程中的主体地位，实现全面发展。这种教育理念为学生营造了一个宽松自主的学习环境，有助于激发他们的创新潜能，促进其各方面的发展。它是推动大学语文教育目标实现的有效手段，对于提升语文教育质量具有深远意义。

大部分学生都期望在学习过程中充分发挥自我主观能动性。因此，我们强调在大学语文教学中，必须充分激发学生的主动学习热情，以培养他们自主学习的能力为核心目标。通过组织参与式学习活动，循序渐进地增强学生的语文表达和应用能力，最终实现学生语文素养的全面提升。为了培养学生的独立性，教师需要重新审视和改变自身的角色，但这并不意味着就要削弱教师的指导的作用，更不是让学生完全自主学习。一般而言，学生要想真正达到良好的自主学习效果，往往离不开教师的精心指导。为了确保参与性教学的有效实施，教师在备课阶段就必须清晰地界定教学任务与目标，并根据课文内容设计有针对性的教学方案。这不仅能为学生提供明确的学习方向和方法，还有助于学生在课堂上更加主动地展现其主体性，进而培养他们自主学习的意识。同时，教师还应该积极引导学生融入教学过程，激发他们的学习热情，从而顺利达到教学目标。

大学参与性教学的核心目标在于充分激发和彰显学生的主体性，通过精心组织的教学活动，引导学生积极参与、主动探索，从而实现自我能力的不断提升和全面发展。把参与性教学理念深度融入大学语文教学实践种，对于促进教学质量的提升、教学目标的实现具有显著的作用。教师在上课之前应给学生提供相关的线索和参考资料，以简化他们的学习任务，并通过明确的指导，引导学生找到自主学习的有效方法，以进一步激发他们的自信心和学习动力。当教授的课文涉及多重主题时，教师有必要营造积极的学习环境，以促进学生进行富有创新性的解读。具体而言，教师可先通过提前设置探讨性问题，引导学生在课前预习中主动查找作家生平、写作背景等相关资料，并鼓励其进行独立思考。之后通过组织小组讨论和交流活动，让学生充分表达观点、碰撞思想。在此过程中，教师的角色是任务布置者和指导者，需要合理布置任务，并提供必要的指导，确保整个参与性教学流程得以顺利进行。同时，教师还应做好前期准备工作，为学生参与课堂讨论和交流奠定坚实基础。

二、探究式教学法

(一) 探究式教学法的概念

探究式教学理念坚持以学生的自主探究为核心,明确教学工作的根本目的在于服务学习。其本质特征是:教师不直接把构成教学目标的有关概念和认知策略直接告诉学生,而是创造一种智力和社会交往环境,让学生通过探索发现有用的学科内容要素和认知策略。从探究式教学的研究视角出发,整个教学活动的核心应当聚焦于学生的探究式学习,它是教学活动的起始点与落脚点。

探究式学习(Enquiry Learning)是20世纪50年代美国著名科学家、教育家施瓦布提出的教学理念。施瓦布认为探究式学习是指:儿童通过自主参与知识的获得过程,掌握研究自然所必需的探究能力;同时,形成认识自然的基础——科学概念;进而培养探索世界的积极态度。简单地说,探究式学习就是指学生以模拟科学研究的方式所进行的学习。

探究性学习与传统教育中的死记硬背相对立,需要满足特定条件才能成功实施。针对此,萨其曼作为探究教学的积极倡导者,经过深入研究,归纳出实施探究教学的四大前提条件:宽松自由的教学环境、丰富多样的教学资源、清晰的目标以及适度的学习压力。

根据研究和实践经验,为了成功实施探究式教学,首先,要求学习内容有一定程度的挑战性。唯有将学习内容的难度与学生当前的发展水平相匹配,就是位于其最近发展区内,才能充分激发学生的好奇心和求知欲,进而推动他们勤奋钻研、深入探究。在这一过程中,学生将主动调整自身的认知结构和方式,将外在新知识有效整合到自身的认知体系中,实现知识的内化和提升。

其次,要充分调动和发挥学生的主体性和主动性。在对外在知识的学习过程中,学生应自觉树立清晰的学习目标,并在教师的科学指导下,系统掌握高效的学习策略和方法,从而切实成为学习的主导者。

再次,在推进探究式教学活动中,必须坚持以一定的知识为前提。掌握扎实的知识基础,这是培育和提升探究能力的根本所在。因此,基本概念的传授在探究式教学中占据了至关重要的地位,是不可或缺的。通过系统传授基本概念,为学生探究能力的提升奠定坚实的知识基础。

此外，还必须营造和谐的课堂氛围。相较于传统教学中教师的绝对权威，探究式教学更加注重师生关系的民主和平等。只有在这种平等民主、宽松、愉快的课堂环境中，学生才能够独立思考、勇于发言，从而实现教学相长的目标。

最后，要强调的是，构建一个优质的探究环境是至关重要的。确保学生拥有充足的探究时间、灵活的探究空间以及丰富多样的学习材料，这是推动探究式教学深入发展的关键所在。因此，在探究式教学的实施过程中，教师应积极争取并充分利用各类资源，为学生的探究学习打造出一个优质的环境。当前，高等教育正积极倡导开放式的办学理念，这一理念的实施恰好为上述条件的满足提供了有力保障。由此可见，将探究式教学方法融入开放式的大学课堂中，对于推动传统教育理念的革新具有积极意义。

（二）大学语文探究式教学法的使用

大学语文课堂也适宜使用探究式教学方法，因为它是高等教育课程体系中的一部分。一般来说，大学语文教材常常选择经典文学作品作为课文，这些文学作品中包含了大量具有间接性、意向性和模糊性等特点的文学形象，这就为大学语文课堂上师生一起共同进行多元化的文本解读提供了重要的前提条件。此外，文学文本中的许多留白也可以使师生充分发挥想象力，通过对文本的丰富和补充来实现创造性的解读。在大学语文的课堂上，教师可以充分利用文学文本的这些特点，积极引导学生充分发挥主体性的探究思维和创新意识。

以晚唐诗人李商隐的《锦瑟》为例，该诗巧妙运用典故，以浪漫象征手法展现深刻的人生感悟，其主题内涵丰富多样，涉及自伤身世、悼亡、爱恋、诗歌创作等多重解读，至今尚无定论。对于此类古代诗歌，教师当引导学生预先查阅资料，独立完成诗歌赏析，从多角度深入挖掘诗歌主题，随后组织课堂讨论与交流，激励学生以逻辑严谨的方式阐述个人见解。在深入探讨《锦瑟》的艺术魅力和思想内涵后，教师还应指导学生品味赏析李商隐的政治诗、咏史诗、写景咏物诗及其他《无题》诗，使学生全面把握这位晚唐诗人的创作风格。在大学语文教学中，多元解读虽强调个性，但仍需注重解读的逻辑性与合理性，因此，教师在预习指导与课堂讨论中应发挥充分的引导作用。最后，教师还需进行恰当的陈述与总结，既激发学生积极性，又锻炼其独立思维和表达能力，从而提升学生的语文运用能力和探究思维能力。

三、合作型教学法

（一）合作型教学法的概念

在 21 世纪课程改革中，合作学习（Cooperative Learning）作为重要的教学策略和学习方式，其受到了较为广泛地应用。对学生而言，它是一种学习方式，对教师而言，它则是一种教学策略。合作学习理论起源于 18 世纪的英国，它主要是针对 17 世纪发轫的班级授课制度下集体教学的弊端而产生的。在 19 世纪早期传到美国，之后在世界范围内得到迅速推广。关于合作学习的研究，在 20 世纪 80 年代达到鼎盛。具体来说，合作学习是一种有系统、有结构的教学策略，它依据学生能力、性别等因素，将学生分配到一个异质小组中，鼓励同学间彼此协助、互相支持，以增强个人的学习效果，并达成团体目标。与一般意义上小组讨论不同的是，合作学习具有以下特点：第一，组内异质、组间同质，为合作和竞争创造条件；第二，明细分工、协调领导，鼓励全体学生积极投入其中；第三，公平竞争、合理评估，训练学生的自主学习能力。可见，合作学习以合作性、探究性、全体性、能力性、互补性、分享性为主要特征，更强调互助合作和公平竞争的学习精神。

在合作型教学策略中，学生的学习环境是一种非个人化的环境，以合作型学习小组构成活动形态的学习单位，以合作型学习伙伴构成活动对象的学习关系。在非个人化的环境中，每个学习个体都需要具备一定的决策和沟通能力，然后建立伙伴互换关系，保证无障碍交流的实现。这揭示了合作型教学将学生作为社会人的培养具有一定的功能。要实现这种现代教学策略，显然离不开教师的合理指导。教师对课堂的科学监控以及适当地介入，是确保合作型教学顺利进行的重要保证。

目前，合作型教学已经在美国、英国、加拿大、澳大利亚、日本等国广泛应用。在我国，江浙等地在中小学教学中也开展了一系列合作学习的实验，并取得了一定的成绩，但在整体上，合作学习的应用还未受到国内教育研究界的足够重视。合作型教学不仅是一种教学策略，它还可以作为一种学习方式、教育理念和行动观念，推动国内新型课堂的建设。

（二）大学语文合作型教学法的使用

合作学习作为现代教学的一种重要组织形式，其实现依赖于适合小组合作的教学内容。在大学语文课程中，存在诸多具有探索性和不确定性的因素，这些因素为合作学习模式的引入和开展创造了得天独厚的条件。通过利用这些因素，我们可以更好地推动合作学习在大学语文课程中的应用，从而提高教学效果和学习成果。反过来，合作型教学模式又能够针对大学语文教学中过于偏重课堂教学、忽视培养学生独立探索能力的问题进行有效改革。这种教学模式强调学生在学习过程中的主体地位，充分激发学生的学习热情。在教师的引导和帮助下，学生通过深入感悟和理解文本内容，进一步在合作探究中实现语文素养的全面提升。这一转变不仅优化了教学方式，还为学生的全面发展提供了有力保障。

在大学语文教学过程中，实施合作型教学策略，需要教师秉持"大语文"的教学理念，全面考虑课堂内外的师生互动、学生间的交流合作以及学生与社会的联系。这一策略强调教学过程中的多元化沟通，以促进学生的全面发展为中心，着力塑造个性化的教育环境。为实现上述目标，教师必须深入挖掘大学语文的学科内涵，创建有益于学生全面发展的"大语文"教学环境。同时，教师需要灵活运用教学策略，统筹兼顾学生的自主学习、小组合作学习和班级集体教学，确保三者相互融合、相互促进。在此过程中，以小组合作学习为侧重点，让学生体会到集体智慧的强大力量，学会如何与他人合作，共同面对挑战和困难，进而激发学生的创新思维，帮助他们获得更丰富的创新灵感，提升其"再生性"创新意识。

比如苏轼《定风波》一词的教学，教师在组织教学活动时，应遵循组内异质、组间同质的原则，科学合理地划分学习小组。分组后，首先，各小组课前应独立搜集苏轼的生平事迹及该词创作的历史背景资料。在课堂上，各小组依次展示、分享所搜集的信息，然后在教师的指导下，各小组将所搜集的资料进行整合，形成一份全面而深入的学习成果。接下来的词作诠释、赏析等任务同样交由小组完成，并通过小组代表陈述讨论的结果。随后，教师应积极引导学生去理解这首词中"言在此而意在彼"的含蓄的艺术表达手法，并组织学生深入研讨，期望学生能够更好地体会到作者的内心世界，理解词中所蕴含的人生哲理，能够被作者不畏挫折的坚韧品质以及在历经官场起伏后泰然自若、从容淡定的态度所感染，从而在心灵深处得到启发和升华。最后，教师可以进一步发挥小组合作的优势，要求每个小组从不同的角度出发，选择一个关于苏轼的主题，并系统搜集相关文献资料，整理成演讲稿，推选代表在课堂上发表演讲。通过小组内的深入研讨和小组间的交流分享，学生能够更加精准地把握苏轼词作的艺术特色，深刻体会其面对风雨的豪情壮志与坚韧不拔的精神风貌。这一过程不仅有助于提升学生的文学素养，更能引导他们在感悟苏轼精神的过程中，逐步树立健康向上的人生观和世界观。

四、对话式教学法

（一）对话式教学法的概念

对话，作为一种历史悠久的交流形式，其渊源可追溯至古希腊哲学巨匠苏格拉底所倡导的对话法，以及我国古代春秋战国时期儒家经典《论语》所记载的孔子与其弟子间的问答交流。然而，关于对话的系统性理论，直至近代才逐渐成熟完善。这一历史进程对于深入理解对话的实质及其在现代社会的重要性都具有重要的启示意义。随着时代的进步，社会对人才综合素质的要求日益提升，传统教育中的诸多弊病逐渐显现。为了革除这些弊病，对话理论被正式引入教育研究领域，以期推动教育方式的创新与发展。联合国教科文组织曾明确指出：通过对话和各自阐述自己的观点进行争论，这是 21 世纪教育需要的一种手段。现代教学理论高度重视对学生沟通能力的培养，为实现这一目标，对话教学成为不可或缺的重要环节。

对话式教学法中的"对话"，并非我们日常生活中所理解的有问有答，其实质是形成师生之间的深入交流与相互理解。对话式教学的判定关键在于实质而非形式，只要课堂互动具备对话的本质特征，即便整堂课都以教师讲解为主，也可以被视为一种对话形式，而非单纯的教师独白。对话式教学的根本宗旨在于通过师生间的交流互动，切实维护学生个体的价值和权益，满足学生内心世界的深层需求，以促进学生个体的全面发展为终极目标。在此过程中，我们倡导并推动学生进行自我对话，这包括通过阅读对话与教学对话的方式，促使学生进行反思与自我教育，促进教师和学生共同在对话中实现自我价值的确认、自我身份的认同、自我能力的提升、自我潜能的发掘以及个人的全面成长。

对话式教学是一种以交往—生成为核心的教学方法。在传统教学模式下，教学的目标、流程、问题等都由教师在课前进行精心策划，教学成效往往取决于教师完成预设目标的程度。与传统教学模式不同，对话式教学由于其独特的开放性、差异性和不确定性，教学目标的生成性成为其显著特征。这一模式鼓励师生互动，教学过程和问题都将在这种互动中自然生成，并在这一过程中共同寻找答案，有效促进问题的解决。这种教学方式强调师生互动，通过共同解决问题来实现教学目标。交往—生成教学模式的显著特征在于其打破了传统以教师权威为中心的教学设计框架，为教育创新提供了广阔的空间与机会。这种对话式的交往—生成方法论具有双向性，一方面依赖于教师的专业指导，另一方面则重视学生的主动学习与参与。通过交往活动，教师与学生的角色得以有效融合，共同推进教学过程的深入发展。因此，在对话式教学中，教学活动的本质并非教师单向传递已有的知识与信息，更不是简单地指导学生进行具体操作。相反，它强调的是师生之间的合作与互动，共同围绕特定的主题进行深入探究，以及共同解决学习过程中遇到的问题。这种教学模式旨在培养学生的主动性与创造性，促进他们全面发展。

（二）大学语文对话式教学法的使用

我国基础教育已经在整合对话式教学和语文课程方面取得了一些实践经验。传统的语文教学在很大程度上是老师主导的教学方式，即老师传授知识、学生接受知识的模式。在传统教学模式中，教师的地位被赋予了极高的权威性和中心性，他们扮演着"独白者"的角色，而学生则扮演着"容器"的角色，无法充分表达自己的想法和疑问。在这种模式下，教师的权威往往压制了学生的声音和意见，导致学生的心声难以被听到和理解。经过深入分析和审慎评估，此种教学方式过于注重知识的机械复制与再现，忽视了学生的主体性和参与性，未能充分关注学生全面语文素养的培育与提升。这不仅影响了学生的全面发展，也与新时代的教育目标和要求存在明显偏差。对话式教学法在大学语文课程中的教学效果，明显超越了传统的授课模式，给大学语文教学注入了新的活力。

在具体实践中，大学语文教学的对话环节，应涵盖课堂教学对话与阅读对话等多个层面，并在实际操作中，允许不同层面之间相互融合、互为补充。课堂教学对话指的是在教室环境中，师生或生生之间，围绕特定教学主题进行的一种互动交流。这种对话过程具有多重互动性，旨在促进知识的传递、理解和应用，以及培养学生的思维能力和表达能力。阅读对话涵盖了读者与文本的直接对话，以及读者与文本相关者的间接对话。学生与文本直接交流的这一过程不仅涉及对课文内容的理解，更重要的是通过课文激发自身的思维能力。同时，学生通过研读课文，与作者进行思想碰撞，深入了解课文所反映的时代背景和社会环境，从而加深对课文内容的理解和把握，进一步拓宽自身的视野和认知。为了在大学语文课堂中实施高效的对话式教学，教师有责任和义务为学生提供科学而系统的阅读知识引导。具体而言，这不仅是对学生阅读方法与技能的培养，教师还要在文学理论的层面上给予学生相应的指导，以确保学生在理解文学作品的过程中，更好地把握文学的内涵和魅力，从而提升其阅读素养和审美能力。

比如说，张岱的《湖心亭看雪》这篇作品生动地描绘了雪后西湖的美景和游客的高雅风范，通过描绘湖泊、群山、白雪和游人等元素，展现了一幅颇具艺术感染力的画面。该文虽内容简短、文字质朴，却蕴藏着丰富的人生智慧，能够引发读者对人生的深入思考和感悟。为确保学生对课文内容的深入理解，教师在教授这篇课文之前，应精心组织学生进行小组预习活动。预习过程中，学生需探讨晚明小品文的独特风格，研究作家张岱的生平事迹，掌握此文的写作背景，并完成课文的翻译工作。通过这一系列的预习任务，旨在帮助学生初步建立起与文本的对话关系，为后续深入教学奠定坚实基础。在随后的教学环节中，教师需运用问答技巧，组织师生间对话交流。这一对话过程应涵盖对作者出行目的、所观察到的景色、对景物的描绘以及人物语言等方面的探讨，并从这些维度切入，深入剖析作者的内心情感。通过这种方式，教师可以引导学生与文本及其相关内容进行更为细致入微的对话，促进学生阅读理解和文本鉴赏能力的提升。最后，要深入剖析文章结尾舟子所言的"痴"字所蕴含的深刻内涵，教师对此进行深入的总结与陈述。同时，以此文为引，进一步探讨晚明小品文的总体特征，激发学生发表独到见解的热情。这样，既能促进师生间、学生间的深入交流与互动，共同推进教学与阅读层面的多元对话，也能拓宽学生的知识视野，提升其文学鉴赏能力。

五、渗透式写作教学法

许多学生陷入了一个循环，即写作能力不佳导致害怕写作，从而不愿意写作，进而写作水平不断下降。为了改变这种情况，我们可以尝试使用渗透式写作教学法。

(一）精神鼓励

通常，在新学期开始时，写作课会安排一次水平测试，以评估学生的写作能力，从而更好地针对每个学生的需求进行教学。学生的第一篇作文是需要特别关注和重视的，应该对每位学生的作文给予充分的赞扬和鼓励，力求在评论中不错过任何亮点。对于基础能力稍显薄弱的学生，也要尽量寻找他们作文中的亮点，比如全面审视其在修辞运用、字迹工整度以及写作态度等各方面的表现，并给予恰如其分的肯定，以激发学生的自信心和学习动力。此外，在未来的作文批改与讲评环节中，更应细致观察并指出学生的进步之处，无论大小，均应予以鼓励和表扬。每次讲评课时，均应安排2至3名作文水平较高的学生上台分享自己的作品，以此在班级内部形成积极向上的竞争氛围，促进学生间的相互学习与共同进步。此外，可以设立一个邮箱接收他们匿名提交的作品，以鼓励学生在课外自发创作，并及时给予反馈。同时，可以积极向媒体推介优秀作品。

(二）成绩奖励

"分、分、分，学生的命根"，这句话深入人心，反映了学业成绩对学生的重要性，作为学生群体的一部分，大学生对学业成绩也相当重视。老师应该更新和改进日常成绩的奖励机制，这包括奖励那些自愿回答问题、自愿上台演讲或在报纸和杂志上发表作品的学生。鼓励学生多次修改作业，选取最优成绩进行评定，以激励学生不断改进所写文章。这种奖励措施可以激发学生学习的热情，增强课堂的活跃氛围，有助于达到预期的教学效果。

(三）因材施教

在教学实践中，需运用教育心理学的原理，对"学生"这一教学实践的核心对象进行深入探究，以优化教学方法和提升教育质量。在教学活动的开展过程中，务必遵循学生的心理成长规律，坚持以促进学生的智力提升、能力培养和个性发展为核心目标。我们应当精心策划和组织教学内容，确保其与学生的学习特点、兴趣爱好紧密结合，确保教学效果最大化。教师在备课中既要备教材、备学科前沿动态，更要备学生。备学生即意味着需具备以下三个特点：首先，要深入了解学生的知识体系构成和学术背景。即使是相同的教学内容，在向不同学院和专业的学生进行授课时，必须根据各院系的专业特点和学生需求进行有针对性的侧重讲解，以确保教学效果的针对性和实效性。例如，在讲解"意境"这一概念时，如果面向的是美术系学生，可以巧妙融入中国画中墨色深浅与留白的艺术元素，以此来生动阐释"意境"的深刻内涵，而在音乐系学生课堂上，可以借用《琵琶行》中音乐的密度和节奏来阐述。其次，必须了解学生的兴趣爱好。在引导学生兴趣爱好时，应该关注并尊重他们的个人喜好，而不是基于自己的看法随意评判。例如，一些学生喜欢阅读简单通俗的"口袋书"。老师可以借此机会给学生解析这些书的常见结构和写作套路，这样不仅有效激发了学生的阅读热情，更系统教授了写作知识，实现了阅读与写作的有机结合。最后，要深入掌握学生的能力与水平。鉴于每位学生的起始点存在差异，教学重点和期望的教学效果应当因人而异。

（四）作品阅读分析

阅读和写作可以看作是一对密不可分的伙伴，要成为一位出色的作者，首先需要具备优秀的文学理解能力和审美感知能力。通过对优秀文学作品的深入研读，可以有效培养学生的审美鉴赏力和情感体验，从而进一步拓宽其知识视野，为创作提供丰富的素材和灵感。教材应该根据学生的认知水平、接受程度和情感趋势来选择，同时也需要具备实用性。比如，教师可以选择《背影》这篇文章作为范文，与学生们一道深入剖析、研讨文章是如何通过细节描写来塑造人物形象和表达作者与父亲的离别之情的。这篇文章中所蕴含的感情，恰恰与大一新生刚刚离开亲人、步入新环境的情感体验相契合。

（五）任务模拟

在应用写作的教学过程中，老师可以让学生参与任务模拟训练，通过设定具体的工作任务，使学生深入了解和体验写作的实际应用场景，深刻理解应用文写作的规范与要求。同时，教师应引导学生掌握各类文体的写作技巧，通过实践锻炼，切实提升学生的写作能力，培养其实践应用能力。在教学过程中，将文体内容分割成几个部分，然后通过具体的任务将这些部分联系在一起，促进学生动手动脑、积极参与。比如，在学习行政公文和常用事务文书的写作方法后，为提升学生的实践应用能力，可以策划组织一次学生代表大会。会议的核心议题将聚焦于如何运用各类文体有效地组织与管理会议，确保会议的顺利进行与高效实现既定目标。具体内容包括：向上级领导机关提交召开会议的请示，请示时要妥善处理团省委与省学联之间的协作关系；向与会人员发布正式通知，明确会议议程与要求；向兄弟学校及相关领导发出正式邀请，遵循礼仪规范，充分展现我方的诚意和热情，促进交流与学习；会议结束后，及时整理并形成详尽的会议记录，全面反映大会的讨论与决策情况；依据会议记录，撰写并发布会议纪要，确保会议精神得到准确传达和落实。在训练过程中，每位学生应当被明确要求至少承担三种角色的扮演任务，并且完成至少三种文体的写作任务。这些文体包括但不限于请示、批复、通知、函、请柬、会议记录以及会议纪要等。这些要求旨在全面提升学生的写作能力，以满足实际工作中多样化的文体需求。通过此类训练，能够使学生更好地满足实际工作的需要，进而展现出更高的综合素质，形成良好的学习效果。

第四节　创造性组织语文实践活动

一、语文实践活动的组织原则

（一）独创性的原则

为了充分发挥大学生语文实践活动在促进学生语文能力提升上的帮助作用，则需要明确实践活动的开展原则，从而为实践活动的有序进行提供保障。其中独创性原则是进行大学生语文实践活动时需要充分落实的原则，指的是确保实践活动内容的创新性和时效性，能帮助学生掌握充足的语文知识，促进学生语文能力结构体系的完善发展。语文活动的高效开展需要同时发挥师生双方在实践活动中的创造性及主动性，以便提高师生在活动中的参与度。语文实践活动的开展需要突出学生的主体地位，要求教师能够发挥其组织和引导作用，为学生提供适宜的活动内容，并引导学生将创新思维运用到活动开展的过程中。要想保证独创性原则真正落实到语文实践活动设计中，要求教师能够尽快接收新的教育观念，将新的语文知识渗透到实践活动设计中，为学生提供全面的语文知识，避免照搬原有的活动设计形式，否则，就会降低学生参与活动的积极性，并且无法保证活动内容符合学生发展需求。另外，在实践活动设计及开展过程中，教师应有意识地吸收新知识，以便提高其综合素养，还能在活动开展阶段提供更好的教学指导。另外，实践活动内容创新特点还应通过挖掘教材内容来实现，教师应在以教材内容为主的基础上，准确把握教材内容并创造性地利用教材资源。通过上述做法，能保证实践活动内容设计的合理性，并能在延伸教材内容的情况下，提高实践活动的针对性，挖掘学生潜能。为了达到教学活动精心设计的效果，需要在语文实践活动中采取启发式以及讨论式的教学形式，提高学生智力并加强语文教学效果。

在讨论内容制订上，可由教师和学生共同商讨，主要针对教材内容中有研究价值的地方进行细致探讨，从而保证对教材细节知识的有效掌握。语文活动课程较为重视与社会生活以及学生实际的联系。学生对已经经历过的事件通常有深刻体会，并希望借助文字载体将其思想表达出来，同时对外部世界有强烈的探索意愿，这就导致在语文实践活动设计时运用的素材是取之不竭的，并能通过将新的社会观念结合到主题讨论中，得到更加深刻的研究成果。例如，在以环保为主题开展语文实践活动课时，可设计成完整的活动内容，还可针对某一主题进行活动设计。通过收集研究领域对环保这一问题提出的新理论，为语文活动内容的合理设计提供保障，进而丰富学生知识体系，为他们理性思维水平的提高提供帮助。总的来讲，独创性原则在实践活动内容设计上的运用具有重要意义，是增强活动效果的关键，并且在独创性原则的规范作用下，能整体提高实践活动质量，促使学生参与到语文活动中，实现自身语文能力的发展。

（二）综合性的原则

学生语文活动实践阶段要按照一定原则来设计实践内容，以便取得最佳实践效果。语文实践活动应具有综合性特点，促使学生自觉将语文知识内化为能力，培养学生的语文素养。语文活动关键目的在于扩展语文知识学习和应用的领域，加强语文教学和实际生活的密切联系，以便在多方参与语文教学实践的情况下，实现学生语文素养的全面发展。在实践活动的不同环节中，教师要以培养学生多方面能力作为活动开展的原则，例如，通过设定相应的教学目标，使学生在完成学习任务的过程中，提高他们自身的口语交际能力、信息处理能力、合作能力、书面表达能力以及创新能力等，进而促进学生语文素养的提高。如为了保证语文实践活动的设计能够起到培养学生多方面能力的作用，则可设计采访环节，鼓励学生参与课后采访及现场采访等，在采访实践中，学生听说读写等综合能力得到了一定发展,并将语文知识运用到实践中,可促使学生明确语文知识学习的重要意义,从而增强学生的自主学习意识。

在综合实践活动开展过程中,还将帮助学生形成优良的学习习惯,由于已经掌握了实践经验,这时学生可以独自设计、安排活动等,真正获取直观的感受经验和理论知识,在实践中确保知识运用的合理性,并加深学生对语文知识的理解。在上述语文实践活动有序开展的条件下,能最大程度地调动学生的语文学习兴趣,增强他们将语文知识转变为自身能力的转换技能,从而体现语文教学的实际价值。语文实践活动的主要特点是将社会生活与语文教学结合起来,可促使学生语文知识获取渠道的多样化发展,进而开阔学生视野,使得学生认识到多元文化的学习价值,并能自觉吸收传统优秀文化,达到学生思想境界的提高。另外,语文实践活动能保证语文知识真正运用在生活实际中,并在实践中得到丰富发展,因此,有必要注重语文实践活动的良好开展。通过加大语文教学和社会实践的联系,有助于培养学生实事求是的科学态度,吸引学生参与到语文活动中,为提升语文活动效果奠定基础。

(三)艺术性的原则

实践性教学内容的设计需要遵循艺术性这一原则,确保实践活动设计能够激发学生参与活动的积极性,并且突出活动内容的艺术感,有助于调动学生的探索意识和创新意识等,是加强实践性教学质量的根本条件。通常将科学性原则及艺术性原则的辩证统一看作是语文活动设计的根本特征,其中科学性指的是在进行语文实践活动内容设计时,应借助先进教学观念及教学原理的指导作用,保证实践活动内容与语文教学规律以及学生语文能力发展规律一致性,即确保实践活动具有较强可行性,这是实践性教学良好开展的重要保障。而艺术性原则主要是针对实践性教学需求提出的,语文教学设计需要体现艺术性特征,进而为语文教学活动的开展注入活力,在语文实践教学高效进行方面有着较大的推动作用。艺术性主要是指在进行语文教学设计过程中,教师应利用创新发展意识,突破传统课堂模式的限制,避免实践性教学活动设计受到教材的制约。例如,教师通常会凭借自己习惯的教学方式,来深入解读作品并组织教学活动,这种做法能保证在进行教学活动时,可最大限度呈现教师个人的教学魅力,有利于调动学生兴趣,保证学生将自身情感融入教学实践中,促进他们个性的形成以及语文能力的发展。

语文实践活动设计需要遵循多种原则，这些原则的规定主要是从语文实践教学本质、需要达到的教学效果等角度出发来确定的，通过借助多种原则的引导规范作用，有利于推动实践性教学朝着高层次发展，使其逐渐成为培养学生语文能力的重要途径。其中艺术性原则具有重要参考价值，这一原则能有效增强教学内容的趣味性，还能满足学生心理特点，以及体现出其中的创造性思维，通过为学生提供新的活动形式，可确保教学活动在学生积极配合下顺利进行，真正做到促进学生的个性化发展，是实践性教学的主要发展趋势。

（四）发展性的原则

在实际设计语文实践活动内容时，要注重发展性原则的运用，明确语文实践活动的组织在发展学生语文能力上的促进作用。对于语文活动而言，其本质为变革，组织语文教学实践活动的主要目的在于加大对学生语言文字运用技能以及语文素养的培养，从而保证语文活动内容设计的合理性，提高学生语文学习的质量和效率。需要在正确认识语文实践性教学本质的基础上，保证活动内容的针对性设计。发展性原则的提出便是为了充分体现实践性教学对学生发展的促进作用，需要保证发展性理念贯穿在实践活动设计的整个过程中，使得实践活动设计体现出先进性特点，为学生语文能力的提高提供基础条件。实际上，语文教学活动和语文知识学习之间并不总是促进关系，随着语文教学课堂中听说读写等活动的开展，将促进语文学习过程的顺利开展，并保证学生不断积累语文知识。但是随着学习行为的进行，学习者的学习能力和知识获取倾向等将发生变化，这种变化能够长期保持，在这种变化情况下，个体对语文教学知识的需求有所改变，要求语文教学知识具有多样化特点，并能逐渐增加知识学习难度。但在实际课堂教学中，大部分教学活动只是在单一水平标准上重复，这时教学活动的开展与语文知识学习之间就不成正比关系了。

因此，有必要在设计教学活动内容时，严格按照发展性原则进行设计，从而保证教学实践活动的开展有助于学生语文能力朝着高层次发展。例如，在鉴赏诗歌时，应在保留朗读这一教学手段的同时，增加新的教学形式，包括以教材文本为主，尽可能多地收集相似的诗歌作品，在细致分析多个诗歌作品间相似点的过程中，掌握诗歌相关知识。随着教学实践的推移，还要保证语文教学难度的适当增加，确保语文实践活动在难度设定上体现出层次性特点，从而始终保持教学活动在学生语文能力发展上的促进作用,是语文实践活动设计遵循发展性原则的重要体现。在明确教学活动设计原则后,要求教师在实践活动开展阶段指导学生有序进行语文学习,保证实践活动与语文教学的紧密联系。当实践活动内容以及活动形式的选择都处于学生近段时间的发展区时,则说明活动设计符合学生的语文学习特点,要做到活动设计难度与学生学习能力相适应,进而最大限度地调动学生学习能动性,推动其朝着高认知水平发展。

(五)可操作性原则

在进行语文实践活动设计时,要确保活动设计方案体现出较强的可操作性,从而确保实践活动实施策略的有效落实,为实践活动顺利进行加以保障。语文活动组织的目的在于为学生语文知识的探索和运用提供广阔平台,保证学生通过参与语文活动,来提高自身语文素养。可操作性原则应贯穿在语文活动内容设计的整个过程中,需要针对学生的个性特点、学习能力以及学习需求等,设置相应的活动内容,确保活动内容的设计涉及学生多种能力的培养,从而实现学生整体语文素养的提升,在实践过程中做到语文知识向能力的转换。因此,教师在组织实践活动前,通常会要求学生针对语文实践活动提出自身看法和建议,以便在收集多方观点的条件下,提高实践活动设计方案在实际语文教学中的适用性,使活动内容满足学生发展需求。可操作性原则是语文教学的固有规律,不能违背。并且在设计实践活动时,还应遵照促进体验、落实教学策略和激发创造性思维的要求来安排活动内容和流程,保证语文理论成果是通过实践得到的,进而增强理论知识的可信度,并能保证在实践过程中加深学生的知识掌握程度。

例如,在实际设计语文实践活动时,应在明确活动主题的基础上,适当增加活动的表现形式,并且增加问题研究的复杂程度,以便增强开展语文实践活动的意义。活动设计效果的实现,还要求在设计实践活动环节严格遵循可行性原则。语文活动应在充分考虑学生已有生活经验的基础上,结合其实际能力及认知水平等,判断活动内容的可完成性,从已经具有的客观条件以及主观条件等方面出发,具体判断实践活动的设计是否合理,避免由于语文活动内容与生活实际联系不紧密,导致活动效果较差。因此,在进行语文活动设计时,不能完全按照课本来还原活动,还应在此基础上向深层次发展,同时不能将实践活动设计得过于宏大或复杂,导致学生在实践活动中无从实施。从某种程度上看,实践活动体现出较强的可行性，可操作性原则、目标性原则的有效落实是增强实践活动效果的根本条件，对提高学生运用语文知识的灵活性以及问题分析能力等有重要的促进作用。具体来说，实践活动的可操作性是保证语文教学活动取得预期效果的前提，在开展实践活动时，要从主客观等多个条件出发，全面分析实践活动设计的难度和复杂程度并作出合理选择，真正体现学生在语文活动中的主体地位，进一步提高实践活动的开展质量。

（六）愉悦性的原则

除了上述原则外，在组织语文实践活动时，还要求遵循愉悦性原则，保证在活动开展过程中体现出明显的趣味性和开放性，在轻松的氛围下深入探讨问题本质，并实现探索成果的有效分享。进行语文活动成果交流时，体现出趣味性及互动性的特点，由于具备这些特征，使语文实践活动受到了学生的广泛欢迎，并提高了语文活动的质量和效率。为了确保愉悦性原则在实践活动开展中的有效落实，首先应保证活动表现形式的趣味性和多样性，为学生提供多种活动行为，因此学生可以根据自身行为特点和知识需求等，选择适当的实践活动形式，确保学生积极参与到语文实践中，并能在实践环节自觉进行语文知识收集和整合等，从而发挥语文实践活动在培养学生语文素养上的积极作用。例如，在实际语文实践过程中，可设置调查报告、手抄报、PPT放映等多种表现形式，学生可将自身探索成果通过上述表现形式呈现出来，由于表现形式的多样化，可促使学生在进行活动成果交流时，吸收多种思想，并从多个角度出发进行问题分析。具体来说，实践活动成果交流是语文活动最后一个环节，活动成果交流深度及广度对语文活动整体开展效果有直接影响，为了确保成果交流在良好的环境下进行，则需要在明确语文活动组织原则的基础上，从丰富活动成果表现形式这一角度出发，为成果有效共享提供多种传播载体。

另外，还要保证语文实践活动获得的结论是多样化的，要在保证得到统一正确认识的同时，保留其余多种意见，保证学生在多种观点相互碰撞后，对客观事物有自己的认识和判断。并且语文活动得出的结论不一定是完整的，也可以保留一块空白，以便为学生之后的问题探讨保留一定空间，使他们能够通过创新思维的运用来获得参考价值较高的活动成果。实践活动对应结论的多样化能保证语文活动的开展满足愉悦性原则，有利于语文实践活动取得预期效果。实践经验表明，学生在掌握一定的语文知识后，需要为其提供广阔的展示平台，促使学生能及时将理论知识与生活实践结合起来，并且鼓励学生展示其风采，增强他们的自信心，这是保障语文实践活动取得良好开展效果的关键。如教师将语文活动主题设定为"桥"后，就会有学生选择播放 PPT 来向人们介绍中国名桥，以便在图像、视频和文字等多种要素的配合作用下，加深学生对中国名桥的了解。另外，还有学生组成活动小组，通过问答形式来探索有关桥的知识，能够在趣味活动的开展下，吸引学生参与到活动中来。总的来说，活动成果交流分享体现出的多样性、开放性以及趣味性特点，是语文实践活动取得成功的关键，有利于培养他们的自主学习意识。

二、语文实践活动的多种形式

（一）文学论坛类活动

文学论坛在大学语文课程实践教学中发挥着十分重要的作用，是保证大学语文课程教学实效性的措施之一，因此必须充分发挥文学论坛在大学语文教学中的作用，形成以知识学术类文学论坛为主导的形式。同时大学语文教师也要加强对学生文学论坛活动的指导，以此从根本上强化大学语文教学活动的实效性。语文是大学生自身可持续发展的重要组成部分，将文学论坛加入语文教学活动中，不但可以增强语文课堂的实践性，还会增强语文课程的实践性，也能够让学生更好地发挥自己的主观能动性。通过文学论坛的学习可以有效提升学生的自我认识，培养其文学知识、语言修养、美感品质等综合素质，此外通过文学论坛可以让学生毕业后成为一个全面发展、具有发展潜力的公民。想要实现这一目标，就要改变传统的教学模式，让学生主动参与其中，体验到社会实践。让学生从被动接受知识逐渐转变为主动接受知识，这就必须借助文学论坛这一平台，开展多样化的实践教学活动。文学论坛是提高大学语文教学效果的第二课堂，将文学作品放到文学论坛中，能为学生的语文学习提供充足的资源。文学论坛的形式多种多样，可采用请进来拉出去的方式，即请资深文学专家教授举办文学讲座，与杂志社联合开展专题文学讨论，组织学生参观名胜古迹，开办文学沙龙等。总之，大学语文教学通过各类文学论坛开展相关活动，可以更好地引导学生参加社会实践活动，进而提高学生的道德素质、业务素质、身心素质等，以此全面提升学生的综合能力，让学生更好地理解文学知识，提升文学感受能力。

（二）创作笔会类活动

创作笔会也是提升大学语文教学实效性的语文活动，大学语文承担着民族文化传承、人文精神发扬的重要任务，大学生在语文课程中学习大量的精选作品之后，就会得到丰富的学习经验，继而积累较为丰厚的文学审美，在实际语文教学活动中能够提升其综合能力，因此在实际语文活动中，学生还要提高观察、反思的能力，这样才能在课堂结束后，将学习到的语文知识，实际运用到生活中去。因此，创作笔会中学生可以通过多样化的创作活动，更好地应用学到的语文知识。学生在创作笔会中具有很强的自主性、灵活性、趣味性等特点，学生可以通过创作笔会进行交流切磋，并且在活动中吸收他人的优点和经验，完善自身不足，而且随着创作笔会的发展，学生可以设计多种不同的创作题材、创作体例，并在实际应用中更好地进行分析，以此实现自己的人生价值。创作笔会本身就是一种实践性较强的活动，通过创作笔会，学生的创作能力、语文能力都会得到全面的调动，从而让自己在实际应用文学知识的过程中，不断提升应用能力。随着信息技术的不断进步，创作笔会也可以利用强大的互联网形成线上培训与线下实践相结合的方式，进而放开视野，广泛吸收，多元体验，提升涵养。现阶段很多教学人员在实际教学活动中都要求学生多写、多练，创作笔会就是一种锻炼学生创作能力的活动，因此积极开展创作笔会活动，能够促进学生语文综合素质和综合能力的提升，也可以将其应用到大学生语文创新教育中，为教育教学活动的开展奠定良好的基础。

（三）体验生活类活动

现阶段，在大学语文创新教育活动中，教学实践性、效率性较低，大学语文创新教育之间存在着一定的阻碍，很多高校在提高和拓展大学语文教学创新性上都采取了很多手段，比如开设辅助辅修课程等方式，但是在实际应用的过程中，大部分学生虽然得到了锻炼，但是相应的课堂实践创新活动依然较为单一，覆盖面较小，还有实践经费不足等问题。体验生活其实就是一种成本最低、实践性最强的语文活动，而且体验生活具有广泛性，且覆盖性较强，因此大多数学生可以通过体验生活来加强语文创新能力。通过体验生活，学生也可以更好地感受到生活中被忽视的宝藏，继而感受到文人思想中的魅力，在实际生活中找到语文知识的舞台，为学生打开全新的语文知识大门，也能够让学生在生活中发现传统文化知识，实现创新创业发展。实践证明，有针对性地开展社会调查、专业实践等活动，能够使学生走出象牙塔，体验不一样的生活，不仅能丰富文化知识，而且能锻炼思维能力，提升认知水平。体验活动可以分为很多种，不同性质的体验活动可以给学生带来不同的语文能力和语文素养，将体验活动融入大学语文活动中，可以锻炼学生的语文逻辑思维能力，进而让学生了解到语文知识的魅力，建立起语文学习的知识体系，感受生活中的小智慧，丰富自我修养和人文底蕴，从而达到体验生活的实践效果。还要鼓励学生积极参与到课外实践中，如在"感受四季"这一活动中，学生可结合自身知识储备，提出自身对客观事物的认知，并通过语言文字表现出来，培养学生对语文的学习兴趣。

（四）才艺展示类活动

才艺展示是一种培养大学生能力的活动方式，是校园文化建设的重要内容之一。才艺活动可以让大学生施展才华，培养学生的综合能力，此外才艺展示也为学生提供了一个良好的平台，让大学生的个人特长得到充分展示，而且在活动中还能结交到很多优秀的朋友，进而引导大学生树立正确的价值观、人生观、世界观。大学语文本身就承担着培养大学生文化素质的重要任务，随着学生参与才艺展示活动次数的不断增加，学生的人文性、审美性都会得到提升，而且通过才艺展示的方式将文学作品表达出来，会让文学语言更加生动形象，也更能够感染人、打动人。不仅如此，新时期，学生在参与才艺展示活动的过程中，会逐渐树立起想要效仿的对象，继而在无形之中提升自身的思想高度，形成正确的价值观。因此，必须充分发挥才艺展示在大学语文教育中的作用，促使大学语文教师走出语文课堂，按照相应的教育教学方式，从人生观、世界观、价值观、道德情感、意志信念等角度出发，帮助大学生策划文艺展示活动，比如话剧、歌剧、情景剧演绎、主持风采等形式，以此加强大学生语文教学的实践性和创新性，让师生在文艺展示活动中共同进步，推动自身能力的不断发展。通过文艺展示活动，可以让大学语文教育教学活动得到拓展，在全校范围内建立良好的语文学习氛围。

（五）经典朗诵类活动

经典朗诵也是提高大学生人文素养、建设校园文化的重要组成部分，其作为文学爱好者展示自身能力的舞台，同样也是经典文化传播发扬的舞台，经典朗诵活动的存在具有无可替代的作用。组织经典朗诵活动可以让文学青年的文学底蕴得到进一步的积累，这种经典朗诵读书活动也可以引导语文爱好者更加积极地参与其中，帮助大学生提升自身的内涵，从经典文学中探寻人性和审美创新。现代社会中人们对人文精神的追求日益强烈，经典朗诵是人们对经典文学作品的一种全新阐述，也就是说，在现代社会中，通过经典朗诵的形式，可以在解放物质的同时，更好地发现文学作品中的美，提高大学生的身心素质，进而培养其公民意识，以此更好地弘扬语文文化和语文精神，实现自我价值，提升内在素养。如教师可组织学生以某一艺术作品为主题，自行创作朗诵内容，并在朗诵过程中加深对艺术作品情感的把握。而且经典朗诵除了可以在校园内进行活动，还可以在校园外、社会中进行活动，以此对经典文化进行传播，营造出和谐的文化学习氛围，以此为社会和谐发展奠定基础。教师必须发挥出经典朗诵活动的作用，让大学语文走出课堂，走向社会，切实提高经典朗读活动的实效性，实现大学语文的创新发展。基于此，大学语文教师要根据教学内容和语文知识理论，对经典朗读活动进行策划，其内容必须是经典的，形式必须是灵活多样的，还要有利于学生自由思想与独立精神的培养，从而保证活动得到科学而有效的开展。

（六）演讲比赛类活动

演讲比赛和经典朗读活动相似，但是相比之下，演讲比赛更能够调动学生的积极性，激起学生的求胜欲，通过科学合理的演讲比赛可以在学生之间树立起良性的竞争关系，让学生感受到压力的同时，激发学生的学习动力。大学语文课程的实践性和创新性教学想要取得一定的效果，就必须让学生充分发挥自身的优势，教师也要指导学生积极参加演讲比赛，提高语言能力，强调语言运用的技巧。教师要积极为学生开展不同主题的语文演讲比赛，指导学生撰写相关演讲文章，参加更高层次的演讲比赛。通过开展演讲比赛活动，可以有效扩大学生的阅读面，将知识融入趣味性、知识性的活动中，借此活动能够充分调动学生的学习积极性，让学生主动学习大学语文，增强语文知识的创造性，真正实现教学相长。在执行演讲比赛活动的过程中，还要更好地考核学生，让学生真正学习到语文知识，无论是何种形式、何种主题的演讲比赛形式，主要目的都是让学生进一步加深对知识的掌握程度，以此让学生按照自己的兴趣自愿选择演讲形式，参加演讲比赛，继而撰写演讲稿，选择自己有兴趣的作品或者文化内容进行评价，让理论和实践之间的联系日益密切，从根本上提高学生的实际操作能力，满足学生的需求，让语文知识得到实际应用。

（七）课外阅读类活动

除了文学论坛、创作笔会、体验生活、才艺展示、经典朗诵、演讲比赛之外，课外阅读也是大学生语文学习的一种创新活动，在大学生学习生涯中，学生的课外阅读活动极为重要，学生通过选择一个感兴趣的作品和文化现象进行分析可以更好地进行阅读理解，进而更好地积累课外知识。课外阅读活动势必会对大学生阅读产生一定的心理影响，如果忽视了课外阅读活动，大学语文课程就不完整了。语文教学必须贴近学生的学习生活，让学生和课堂知识更加接近，因此，随着信息时代的推进，大学生想要提升自身的语文素养，可以阅读更多的课外书籍，以此满足现代社会对人才的不断需求。学生除了阅读文学类等方面的书籍外，还要大量阅读与自己学习生活有关的其他学科的书籍，必须保证满足社会发展对高素质人才的需求，进而通过阅读提升自身的文化素质，才能够让大学生更好地提升自身的竞争优势，从而让大学语文创新教学开展得更加顺畅。通过课外阅读也可以更好地吸收经验，满足自身需求。大学生的阅读面不能仅局限于所学专业，要扩大阅读视野，政治、经济、文化、社会、军事、历史、哲学、宗教等各类书籍都要阅读，才能适应社会发展的需要。比如，大学生可以通过人物传记的阅读，借鉴他人的经验，继而完善自身的知识结构，加深专业知识，以更好的状态面对市场竞争。此外，还可以引导学生更好地认识社会，了解人生，从而让学生可以更好地理解人生知识，让学生感受到更多的专业知识，为学生的人生服务。

（八）网络博客类活动

网络博客也是一种全新的语文活动形式，众所周知，随着电子计算机技术水平的全面发展，在新时期大学生中拥有计算机已经是一种极为普遍的现象了，甚至很多学生从小就开始接触计算机技术，为大学生提供了一种全新的技术方式。

很多学生都拥有了优越的学习条件，在这样的学习情况下，学生可以通过个人博客，展示自己的文学才华，实现广泛的信息交流。在实际调查过程中，发现很多学生都拥有自己的个人博客，个人博客让学生借助计算机技术更好地开展语文活动。对于大学生而言，计算机、手机等智能设备已经极为常见，因此必须让学生更好地利用这些现代化学习工具开展语文活动，个人博客也是自身写作能力提升的练兵场，并且能让大学生产生读书热情。作为大学语文教师必须正确指导学生开展个人博客活动，引导学生正确读书，提高自身的阅读文化素质。大学生们除了要阅读必修的语文教材和教师指定的参考书籍，还要阅读其他内容，例如其他同学个人博客中发布的优秀文章，包括小说、散文、随笔等，继而不断地提高自身的文化素质。从调查中发现，大学生具有一定的阅读能力，能够对语文活动起到很大的促进作用。

大学生可以参加的活动有很多，不同的语文活动带来不同的效果，因此，重视并积极开展多样化的大学语文实践活动，让大学生在活动中锻炼成长，是大学语文创新教学的有效选择。

第五节　构建创新性教学环境

一、创造民主教学氛围

在大学语文教学中，最好的办法是避免这种只解释段落、中心思想以及词汇等机械化知识传授的做法。这种教学方法忽视了学生的内心体验和实际感受，会使课堂氛围变得沉闷无趣，难以调动学生的积极性。所以，为激发学生的学习兴趣，我们应当采取多种措施，如活跃课堂氛围、积极改革教学方式，把教材内容和学生实际生活紧密联系起来，结合实际生活案例进行深入分析等，这些举措都有助于提升学生的学习兴趣和效果。

以学习柳永的名篇《少年游·参差烟树灞陵桥》为例，首先教师应深入浅出地传授灞陵桥的历史背景，使学生能够深刻理解并感受诗中所描绘的河两岸之景色，增强他们的情境代入感。随后，精心组织小组讨论活动，旨在锤炼学生的分析能力和团队协作精神，为课堂注入活力，确保每位学生都能积极参与、热烈讨论、真诚合作，从而打破传统课堂的沉闷氛围。紧接着，鼓励各小组代表上台展示讨论成果，并实行奖励积分制度，以资鼓励。在此过程中，师生互动的重要性不言而喻，教师应时刻保持微笑，展现出自然、大方、冷静的教学风采，同时确保与学生保持良好的目光交流，以构建新型、和谐的师生关系。此外，教师还可以策划并组织一系列丰富多彩的活动，如辩论赛、演讲比赛和诗歌朗诵会等，以激发学生的学习热情，提升他们的口语表达能力和学习兴趣。

经过一系列试探性的大学语文课堂教学改革举措，学生对于大学语文学习的热情与兴趣将得到显著提升。学习的主动性也会有很大的提升，不再是以往完全被动式的学习。大多数学生可以从课堂实践中欣赏诗歌、文字、文章等作品。学习汉语，写作实践是必不可少的。评价优秀学生作品无疑是调动大学语文课堂气氛的又一法宝，在学生的作品被评价之后，学生能够更加清楚地认识到自身的不足与优势，因此可以有效地对自身能力开展针对性提升。教学活动结束后，可以要求学生模仿教学内容或部分评价内容，进行相应的写作练习，巩固学生的写作能力。比如，在唐诗和宋词的教学中，指导学生模仿自己喜爱的诗人或诗人的写作风格，在课堂上创设新的作品。课堂上拥有良好的训练氛围，也成了提升学生自主学习意识的重要原因。改革的有效之处在于提高了学生的写作能力，从学生的考试反馈来看，经过几次调动课堂气氛的尝试，他们对自己的日常生活更加自信、熟练。例如，在学习优秀的诗歌、文字和创作之后，学生可以根据自己的兴趣创作诗歌，积极地作出贡献。一些学生对小说更感兴趣，就可以开展小说专题学习与讨论，引导他们自己"试水"，进行小说创作。总之，良好和谐的课堂气氛是对美的一种享受。调动语文课堂气氛的新尝试，如小组讨论、师生互动、课堂展示等，都可以使学生和教师建立良好的课堂关系，调动学生学习语文的积极性，提高他们的写作能力，让学生"亲吻教师"。

二、举办语文沙龙活动

沙龙活动原意指的是在上层人物的客厅当中开展一些文化和艺术交流，欣赏艺术作品，但是这个概念在发展的过程中逐渐拥有了新的内涵。语文沙龙活动实行"上课—说课—评课—讲座"的顺序，每位教师积极参加听课、评课活动，切实解决好课改中遇到的疑难杂症。为了提高沙龙活动的实效性，可以邀请一些具有一定经验的教师来参加活动。在语文沙龙进行的过程中，语文沙龙的目的必须能够得到有效的贯彻落实，语文沙龙在教师指导下能够体现出创新的思维，为创新思维打造一个交流和发展的良好平台。在语文沙龙活动中，仍需要注重的一点就是要能够保证学生在沙龙当中的主体地位，学生不同于教师，教师具有丰富的经验以及阅历，学生由于没有进入社会对于一些事物的认知较为浅显，往往会在沙龙当中表现出一些不自信和害怕，这时就需要教师帮助学生克服恐惧的心理，并且帮助学生大胆说出心中所想，帮助一个班级甚至是一个专业内部的学生开展有效的交流。文化沙龙除了对学生能力的提升有帮助外，对于一个良好学习氛围的构建也有十分重要的意义。学生参与文化沙龙时，会进行思维的碰撞，其所拥有的创新思维就会得到更加广阔的探索空间，并且可以和其他人进行交流，这样一来也更加便于学生在思维的高度上得到提升，而且良好的氛围还能带动一个班级、一个专业学习积极性的上涨。饱满的激情能帮助学生们在知识的海洋中探索与遨游，在已有自身学习的基础上，与他人产生新的火花。学生学习并不是一个封闭的过程，利用文化沙龙的形式才能真正地促使学生开展创新思维的应用，创新思维在交流和融合中得到发展，而学生自身的能力也在其中不断地增强，这样才能真正体现出创新思维对大学语文教育的重要作用，教师也能更加有效地发挥自身的指导作用，帮助学生成为学习活动的主体，帮助学生培养创新思维，塑造健全人格以及加强学生和教师之间的关系。

三、引导学生组织文学社团

社团活动有助于提高综合素质，所谓素质就是一个人在社会生活中思想与行为的具体表现。个人智慧和气质是塑造优秀品质的基石。而直接经验与间接经验作为外界影响的体现，则是推动高质量发展的重要诱因与物质保障。个体在深入处理这些外部信息的过程中，逐步构建起自身的认知结构、情感结构与行为框架，并最终将能力与价值的精髓内化为自身素质，且与个性特征相统一，为全面发展奠定坚实基础。个人对待特定事物的态度和处理特定问题时所运用的知识和技能是语文能力和素养的外在表现形式。组织的特殊培训是提高学生语文素质能力的重要影响要素，在重复训练中，学生形成了一定的气质或个性，这是社团活动对增强学生个人素质的作用。知识和技能的使用是质量的外在形式，这是从静态角度来看的。事实上,"知识与技能的运用"是质量形成的重要途径。实践是真知识,行为形成质量,社团活动的重要价值是促进学生素质的形成。学校文学社团的建立,可以为学生创造良好的创作氛围,激发学生的创作兴趣,提高学生的创新能力,有利于推进素质教育和创新教育。它可以为学生个性特征的发展提供广阔的舞台和空间,还可以培养学生的创新意识和创新能力,提高学生的写作能力和审美能力。学校竞争越来越激烈,因此有更多的学生利用各种有形和无形的方式来提升自身能力。如果因为学生学习不好,很多考试没及格,导致教师对学生的评价不高,那么首先教师应该对学生进行一个客观性的综合评价,确保除了成绩以外还能够考查其他部分,例如学生在文学社团组织活动中的表现。创办文学社团组织,是帮助教师更加了解学生的一种重要手段。

四、鼓励学生创办语文报刊

我们应该善于引导学生拓展课外阅读。学生不仅要在两耳中读书,还要坚持在不同的地方读书。我们不仅要按照课程标准完成名著的阅读,还要坚持每周开放课外阅读,把名著和报刊推荐给学生,或是欣赏书籍,或是在自己的书中遨游。学生可以理解作品,欣赏作品中的佳作。此外,学生还应该通过其他方式积极地开展课外阅读,如设置报刊、上网、看电视等,也可以选择阅读。通过阅读更多的书籍,我们可以养成良好的阅读习惯。因此除了教材以外,自办语文学习报刊是提升学生语文学习水平的一种有效举措。

课堂的空间毕竟有限,课本范围受到限制,学生的视线不能看得更远,见不到更精彩的白云和彩虹,因此要让学生充分感受到生活处处皆语文,向更广阔的天地延伸。那就是通过阅读课外报刊,领略一片更广阔的景观。

作为语文学科,所选的课文内容丰富,经典规范,但数量有限,要想在思想上培养学生的人文精神,提高学生的文化素养,应该保证每天读更多的课外文章,补充更多知识养分。报刊应列为首选。自办语文报刊的意义在于学生能够自己动手搜寻资料,并且排版印刷,保证语文报刊的办理、出版、印刷全过程都由学生完成,提升他们对语文报刊的了解。要让学生把语文学好,不仅需要知识的阳光普照和雨露滋润,还需要充分吸收营养。如果语文是道大餐,只是将每天的教材作为正餐让学生吸收它们的精华,还远远不够,要有合理的语文营养餐作为补充,那样才能更好地消化，充分地吸收，使学生身心健康，积极向上，文思敏捷，才华出众。在办语文报刊的过程中，无论是撰写稿件的学生、负责排版的学生还是负责印刷下发等后勤事宜的学生，都能够得到有效的锻炼。

在语文课堂教学中培养学生的语言素养也是培养创新人才的需求。拥有丰富知识和经验的人比只有一种知识的人更有可能产生新的联想和独特的观点。《语文新教材》强调学生的发现和创新的发展，勇于提出自己的观点。在积极主动的思维和情感活动中，我们可以得到一种独特的感受和体验。语文教师不仅要有意识地引导学生在课堂上学习其他学科的语言，而且还要把知识应用到其他学科中去。也就是创办语文报刊的方式，还可以成为学习其他学科的启发方式，学生创办各个科目的报刊有助于提升对学习的渗透和综合性了解，教师也应该有意识地引导学生进行课外语言学习，如收听电视广播、讲故事、阅读报刊、写日记等，大量的课外阅读能够提高学生的观察力、想象力和独立思考能力，还能培养学生的创新精神和实践能力。

五、构建语文学习网站

改善师生沟通环境，通过资源共享实现师生、学生交流的目标。例如，在部分教学的扩展中，要求学生写一些关于环境保护的短文，并发表在互联网上，互相分享。然后教师指导学生阅读其所写的文章，帮助学生使用不同的字体和颜色来修改它们，激发其语文学习的自觉动力。教师还可以使用 QQ 群和 MV 等多媒体工具，为学生、教师和学生提供经典文章，共同讨论和编辑，欣赏优秀作品。此外，在网络平台举办论坛，让师生和生生之间形成互动。教学结束后，组织学生在校园网论坛上讨论社会热点问题，这是一个开放的交流，不受时间和空间的限制，它可以进一步激发学生的主体意识和独立思考的精神。教育主题学习网站是教育活动的网站，显然，专题学习网站离不开这个基本功能或任务。主题学习网站是一个以资源为基础、学习为基础的网站，它是在网络环境下研究的，与课程或学习主题密切相关。专题学习网站可以用来存储、传输和处理教学信息，它还允许学生自主学习和协作，并在线评估和反馈学生的学习情况。

第五章　大学语文课程思政教学

本章为大学语文课程思政教学探究，主要对大学语文课程思政概述、大学语文课程思政教学中的问题、大学语文课程思政教学优化策略三部分内容作出阐述。让读者对大学语文课程思政教学有了初步了解。

第一节　大学语文课程思政概述

一、课程思政的提出与发展

"课程思政"是新时代背景下党中央加强高校思想政治工作的新要求。2016年12月，全国高校思想政治工作会议强调，高校思想政治工作关系高校培养什么样的人、如何培养人以及为谁培养人这个根本问题。要坚持把立德树人作为中心环节，把思想政治工作贯穿教育教学的全过程，实现全程育人、全方位育人，努力开创我国高等教育事业发展的新局面。并明确指出要用好课堂教学这个主渠道，思想政治理论课要坚持在改进中加强，提升思想政治教育的亲和力和针对性，满足学生成长发展的需求和期待，其他各门课都要守好一段渠、种好责任田，使各类课程与思想政治理论课同向同行，形成协同效应。

随着党中央"课程思政"概念的提出，全国上下一片研究热潮。高校对于"课程思政"的探索、认识在不断地聚焦与深化，课程思政研究从此进入蓬勃发展的1.0时代。这一时期，对于课程思政的研究主要聚焦于对各门课程思政元素的有效挖掘与融入策略。通过各方面的努力，当前高等教育中课程思政元素的挖掘和融入无论是在认知、能力方面，还是在机制、保障方面，都取得了深、广、透的喜人成绩。但是，仅仅基于课程思政元素的挖掘和融入还远远达不到国家期冀的教育教学目标。同时，高校课程思政工作中也存在教学目标不明晰、思政观点同质化、教学方法单一、教育素材陈旧等问题，影响着课程思政的教学效果。

2020年5月，教育部印发了《高等学校课程思政建设指导纲要》（简称《纲要》），明确指出，要深入梳理专业课教学内容，结合不同课程特点、思维方法和价值理念，深入挖掘课程思政元素，有机融入课程教学。课程思政不是简单的"课程"+"思政"，而是一种新的课程观。"课程思政当如盐在水"，依托教师的精心设计与尽心传达，引领学生随之"从游"，达到润物细无声的隐性教育。课程思政的重点应在"课程"，通过思政元素促进课程建设；课程思政的灵魂应在"育人"，是以思政元素来立德树人。同时，《纲要》还提出，课程思政不仅要"全面推进"，还要"分类指导"，明确"专业课程是课程思政的基本载体"，并清晰划出7类不同的专业门类，培养社会主义建设者和接班人。

此后，各高校根据各专业人才培养目标，结合学生特点，重新架构专业课课程体系，丰富教学内容，挖掘教学资料，将课程思政有机融入，使学生在完成专业人才培养目标的同时，经历灵魂洗礼，提升精神境界和道德情操，至此课程思政研究全面迈入2.0时代。

二、课程思政与思政课程的关系

准确把握"课程思政"与"思政课程"的内在联系，是推进教育教学改革、提升思想政治教育质量的关键环节。我们必须深入学习和理解"课程思政"的理论体系，确保不混淆其与"思政课程"的界限，以科学严谨的态度推动两者在教育教学实践中的有效融合。下面，我们将从"课程思政"和"思政课程"的联系与差异两个方面进行探讨，以进一步明晰二者的关系，为深化教育改革、提升人才培养质量提供坚实支撑。

这两者之间的联系在于"课程思政"与"思政课程"在教学导向和培养目标上是一致的。二者都坚守社会主义办学方向，将"立德树人"作为根本任务，致力于培养能够担当民族复兴大任的社会主义合格建设者和接班人。但一直以来，我国通常通过"思政课程"来进行学生的思想政治教育，这可以被视为意识形态灌输的主要手段，具有统摄性的特征。意识形态培育工作也因此被片面地视为"思政课程"的专属责任，这种现象使我国思想政治教育的实施显得孤立。因为"思政课程"的知识较为专业、晦涩，很容易让学生感到不耐烦，导致思想政治教育工作的效果不尽如人意。为了改善我国思想政治教育的现状，消除"孤岛化"现象，我们必须将"课程思政"与"思政课程"紧密结合，共同承担起培养社会主义事业合格建设者和接班人的重任，发挥教育的全面育人作用。

二者的区别在于实施方式以及教学内容等方面具有显著性差异。在实施方式上，"思政课程"作为思想政治教育的主要途径，其是有目的、有计划、有组织的系统工程，从顶层设计到实践落实都有完备的配套措施，旗帜鲜明地对学生实施思想政治教育，显著性施教方式是"思政课程"最主要的特征；而"课程思政"则改进了"思政课程"直接灌输的不足，讲究"显＋隐"的结合，以隐为主，显为辅的教学方式，以潜移默化地方式教育、感染学生。另外，二者的教学内容也具有一定的差异，这里所说的教学内容不同，并不是说传授的思政内容、价值观念不同，而是指教学内容的呈现方式、系统性的不同。"思政课程"的教学内容是直接呈现在思政教材之中的，并且对教材的编写有着严格的要求，具有全面性、整体性、系统性的特点；而"课程思政"的教学内容是分散隐藏在各科教材、教学环境、教学活动等各个方面，需要教师自行开发、利用。

总之，"课程思政"与"思政课程"二者既有区别又有联系，二者互为补充、相互促进，均是不可替代的存在，应辩证统一于"立德树人"这一根本任务之中。

三、大学语文课程思政的重要意义

大学语文课程思政建设具有重要意义，不仅有利于贯彻立德树人的教育宗旨，还有利于发挥新时代中国特色社会主义思想铸魂育人的作用，在潜移默化中培育学生的民族情感、激发青年的责任担当。

（一）落实立德树人的根本任务

《左传》提出"立德""立功""立言"，其中"立德"为首，强调人应以德为人之根本，注重德行修养。"终身之计，莫如树人。"[1]其中，"树人"生动形象地展现了人才的培养过程，也论述了人才培养的重要性。党的十八大以来，国家高度重视思想政治工作建设，强调各级学校都要以立德树人为导向，落实思想政治教育工作。

---

[1] 管仲. 管子[M]. 杭州：浙江人民出版社，1987.

开展教育教学思想政治工作不仅仅是思想政治理论课的任务，更需要整合多学科教育资源、凝聚多部门力量。积极开展课程思政是育德育才的重要途径。我们比历史上任何时期都要渴求人才，当前各国的竞争归根到底是人才的竞争。只有把握好教育的根本方向，积极探索教育实施路径，立足人本、着眼全面，才能为新时代培养全面发展的人才。

大学语文课程思政要以语文课程为载体，以立德树人为教育根本任务，探索实践新路径。一是鉴赏中华优秀文化。从文化中汲取精神养分，增强文化自信。二是积极品读原典。在文本赏析中提升个人思想道德水平、科学文化素养和政治觉悟。三是学习理论知识。通过学习马克思主义相关理论、观点、方法来指导生活实践，实现历史与逻辑、理论与现实的统一。

（二）以中国特色社会主义思想铸魂育人

运用中国特色社会主义思想铸魂育人，是党和国家对教育提出的指导性要求。当前大学语文的教材编写以中国特色社会主义思想为指导，深入贯彻十八大、十九大、二十大精神。教材的设置中高度体现了国家意志，从学理层面和知识层面都重点突出了马克思主义的重要地位以及中国特色社会主义的核心思想。

在大学语文课程思政中，首先，学生通过对马克思主义具体立场、观点、方法的把握，正确认识人类历史发展的重要规律，并明确中国特色社会主义的优越性和创新性，在教师透彻的学理分析中增进对中国特色社会主义内涵和价值的认识，并深刻领悟马克思主义所蕴含的真理力量。同时，学生通过教材了解中国共产党的发展历史，明白党带领人民推翻三座大山的不易，也看到党团结全国人民实现伟大中国梦的成绩。学生深刻认识到中国特色社会主义的思想价值和现实意义，明白中国特色社会主义思想是党和国家制定重大方略的指导思想，并自觉增强四个自信，主动将个人理想与国家发展相结合，为中国特色社会主义事业而不懈奋斗。

（三）激发学生的责任担当

理想，作为人们内心深处对未来美好生活的期待与追求，是人类不断前进的动力源泉。信念则是人们内心坚定的力量，它让人们对美好未来充满信心，坚信这一愿景终将变为现实。大学语文教材坚持以中国特色社会主义思想为行动指南，紧密围绕立德树人的根本任务，深入贯彻落实党的教育方针。在教材内容的选择上，教材编写团队充分体现了"理想信念"和"责任担当"的核心价值。

大学语文教材选择了一些人文主题，每个人文主题都包含着核心思想和价值导向。通过仔细研读教材内容，并将历史与现实紧密结合，深入解读文本中所体现的积极的、正向的价值观，我们致力于引导学生将所学理念融入日常生活，树立正确的行为准则，培养他们成为守纪律、积极向善的个体。同时，教材着重介绍了革命文化和社会主义先进文化的要点。选取的文章展示了中国共产党在艰难险阻中引领人民不畏困难、勇往直前的精神。这些文章鼓励学生将个人发展与时代发展相融合，确保个人与社会同步发展，一起促进中华民族的繁荣与强大。

在深入推进理想信念教育的过程中，广大学生对于人生价值和生命意义进行了深刻反思，不仅清晰地认识到自身的追求与目标，更深刻地理解了作为新时代青年所应承担的历史使命与责任。他们认识到社会主义之路并不平坦，建设国家富强需要长久的努力，只有团结全体中华儿女，坚定共同的思想信念，才能取得伟大的胜利。

（四）培育学生的民族情感

爱国主义，作为中华民族的核心价值观之一，深深植根于亿万人民的心中，爱国主义是人们对祖国的热爱、忠诚和报效之情。在新时代的征程上，加强爱国主义教育具有至关重要的战略意义。其核心使命在于培养学生的民族自豪感和时代责任感。

大学语文教材里融入了大量爱国主义教育的相关内容，主要体现在两个方面：一方面，教材中的文本内容深刻体现了鲜明的民族精神和崇高的气节，为学生培养爱国情怀提供了宝贵的素材。如《狱中上母书》中关心国家兴亡和挂念家里亲人的民族英雄夏完淳；《谈骨气》中从多方面的议论中阐述我们民族的英雄气概，号召人民团结奋斗。另一方面，文本中彰显了爱国报国情怀。如《忆菊》《守护着灵魂上路》等大量抒发爱国主义情怀的古代和现代诗词、散文、小说。

在语文学科的教学过程中，我们可以巧妙融入爱国主义教育，充分利用语言文字材料作为教育媒介，引导学生从文字中深入理解和感受作者浓厚的爱国情怀。通过这种方式，学生能够在潜移默化中逐渐增强对祖国的认同感和热爱之情，培养出坚定的国家意识和民族自豪感。这种思政教育模式创新性地发掘了教材中丰富的爱国主义教育资源,从而针对性地弥补了传统思想政治教育中缺乏生动情感和实质性内容的问题。它将文本中的爱国主义精神实质性地转化为思政教育的理论基础,有效地引导学生将热爱祖国之情转化为实际行动,为祖国的繁荣富强而不懈努力。

在推进爱国主义教育的过程中,我们必须深入发掘语文教材中的思想政治教育资源。借助富有感染力的语言和形象化的展示方式,引导学生深切关注国家的发展进程,积极投身社会的进步事业,以实际行动践行建设强大国家的梦想。

四、大学语文课程思政的可行性

(一)大学语文蕴含大量的思政教育资源

大学语文包含许多具有潜在启发意义的思想政治资源。即使是关于写作技能的培训材料,也包含了理想信念、做人做事的态度、家国情怀等方面的思想教育元素,更值得一提的是那些蕴含着先贤智慧、可以用于审美教育的经典文学作品。许多经典著作塑造了生动鲜明的人物形象,讲述了引人入胜的故事情节。这些作品将抽象的思想转化为具体形象,通过让学生阅读文字来更深入地了解作品中人物的品格和情感。这种阅读扩展了学生的知识面,激发了学生的兴趣,同时也让他们感受到那些在艰难困苦中坚守高尚品格、深爱国家和民族、即使决意冒生命危险也不后悔的仁人志士的英雄气概。学生在接受潜移默化的影响时,就能够提升精神境界,这一点是单纯思想政治教育没法达到的。经典文学作品中所蕴含的思想政治教育及审美教育元素,能够引导学生深入领悟美的真谛,培养他们的审美能力和创造力,同时还有助于培养学生的人文情怀和高尚品格。这对于改进思想政治教育的方法,提高其教育成效有十分重要的作用。另外,优质的文学作品在培养学生健康心理方面发挥着不可或缺的作用。通过对现实生活中不幸、灾难、挫折等负面事件的深入剖析,这些作品传递出的理性思考和积极向上的情感,能够在潜移默化中对学生产生正面的心理影响。这种影响不仅有助于缓解学生的心理压力,更能引导大学生形成健康向上、全面发展的人格。

(二)大学语文与思政教育具有深刻关联

首先,语文教育承载着传递思想的任务,同时也是思政教育创新的有效工具。

语文教学持续融入思想政治教育，为思想政治教育教学改革开辟了新方向，也符合新时代发展的必然趋势。这有助于提高学生的文化素养、塑造学生的健全人格，为他们将来成为合格的社会主义建设者和接班人打好基础。语文学科人文性和审美性的特征十分显著，其强大的感染力使得学生能够积极接受并认同其中的思想政治教育元素。学生应当通过语文学科的学习，提升记录生活、感受生活的能力，同时，政治学科则负责引导学生认识和理解真善美的政治内涵。生活的美好和政治的魅力，不应仅仅在书面材料中展现，更应融入学生的日常生活与实践之中。语文教育作为思想政治教育的有效手段，可以丰富和拓展思想政治教育的内容和范围。

其次，思想政治教育以语文为基础，而语文教学也是思想政治教育的内容之一。在语文教学中，思想政治教育占据着重要的地位。我们要紧密结合生活实际与时代特征，深度剖析大学语文教学中的思想政治教育资源，启迪学生审慎思考自己与集体、国家、时代之间的内在联系，积极探索如何在国家与社会的广阔天地中实现个人价值、承担社会责任。这一举措对于推进大学思想政治教育和大学语文教育的深度融合具有极其重要的促进作用，可产生事半功倍的教育效果。大学语文课程的教学内容和思想政治教育内容相辅相成，语文教材中具有很多较强政治色彩和积极思想的文章，旨在引导学生树立正确的世界观、人生观和价值观，培育他们优良的道德品质和行为习惯。同时，语文教育中丰富的人文精神与当前我国思政教育有着诸多共通之处。鉴于此，我们应积极在语文教学过程中持续注入思想政治教育元素，以更好地落实"课程思政"的理念。此举不仅有助于深化学生对人文精神的理解，更能提升思政教育的实效性，实现两者的有机结合，共同促进学生的全面发展。

进一步来讲，语文教育与思政课在教育理念上具有高度一致性，均以"立德树人"为育人宗旨。那么，针对大学生的语文教育，其目的究竟是什么呢？《左传》有句名言可以说明："太上有立德，其次有立功，其次有立言"[1]，说的就是人生的最高目标就是树立德行。大学语文作为人文教育的重要组成部分，首要任务在于塑造大学生的道德品质。同时，高校思政课在立德树人方面扮演着至关重要的角色，它致力于传播真善美的价值观，深化学生的家国情怀，培养道义责任和担当

---

[1] 左丘明. 左传[M]. 长沙：岳麓书社，1988.

精神，引领正确的价值取向，为培养中国特色社会主义事业的建设者和接班人奠定坚实基础。大学语文与思政课在教育目标上高度契合，通过大学语文课程的文学熏陶和思政课程的理论引导，学生能够更好地理解和践行社会主义核心价值观，形成正确的世界观、人生观和价值观。因此，两者要相互促进、相互补充，共同构建一个全面、协调、和谐的育人体系，推动学生全面发展，为社会的进步和繁荣贡献力量。

（三）大学语文课程思政具有独特优势

大学语文，作为高校人文素质教育体系中的关键课程之一，不仅承载着传承中华优秀传统文化的使命，更是在培养学生终身学习能力、促进学生可持续发展方面发挥着关键作用。它犹如一片"绿色生态"的沃土，为学生的全面发展提供源源不断的养分。语文学科所蕴含的深厚审美特质与人文情怀，赋予了其无可替代的教育价值。因此，听说读写等语言实践活动的目的，绝不仅仅是培养学生的语言运用能力，还要帮助他们更快融入社会，更是一种提升修养的途径，在学习过程中塑造学生的人文精神和审美情趣，提升其综合素养。大学语文教学的目标是培养学生的人格修养和审美素养，以此促进个人的全面发展，激发个人的创造力和探索精神，为未来的持续发展提供支撑。

大学语文课程在思政教育方面具有显著优势。首先，大学语文教育承担着引导学生欣赏生活之美的重要职责。文学作为语文教育的核心载体，其独特的韵味和魅力深深植根于我们日常生活的点点滴滴之中。无论是欣赏经典作品、吟诵优美诗词，还是讲述生动故事、参与辩论演讲，通过这些日常化的活动形式，大学语文课程得以将语文教育与日常生活紧密相连，让学生在常态化生活中深刻领悟人生的真谛，进而提升其文化素养和人文精神，为思政教育提供了有力的支持。其次，大学语文教育要同时注重文学修养与思想道德品质的培养。语文课的重要性在于通过教师的科学引导，使学生能够深入进行审美分析，从而全面理解文学作品中所蕴含的深刻思想精髓。同时，教师还需要启迪学生的独立思考能力，使他们能够发现并欣赏生活中的美好元素，陶冶情操，提升人文素质，实现文化育人的目标。只要教师能够协调好文学教育与思想道德教育之间的关系，那么每个读者都会对作品有不同的理解。这种创新的"课程思政"教育方式，以其别开生面的教学路径，更容易引发学生的思想共鸣，从而激发学生的学习兴趣和主动性。

最后，大学语文课程有助于营造氛围，使学生能够在阅读中进一步提高思想政治素养。亲身实践和感知在传达信息时比简单地口头传授更具有说服力。语文教学可以通过创造多样有趣的情景来进行，例如感情饱满的朗诵、生动绚丽的描写、具有时代特色的角色扮演、形象生动的情境解说等等。经过精心设计的情境教学，促使学生触动内心、自我反思，这种深刻的情感体验，正是思政课程所追求但难以单独达到的教学效果。

第二节　大学语文课程思政教学中的问题

一、大学语文课程思政教学问题的表象

（一）大学语文课程思政育人理念相对落后

社会主义教育事业的目标是培养具备全面素质的接班人，包括道德、智力、体魄、审美和劳动等方面的发展。近年来，可以明显察觉到国家越来越关注学生的成长，这反映在提出的"新课改"中。推行课程思政有助于促进学生综合素质的提升，为国家培养具有高水平能力的人才。

但是，就目前来看，大多数大学的语文教师对思想政治教育存在认知上的偏差。他们低估了思想政治教育的重要性，仅仅将其当作思政理论课教师的专属职责，从而在制订教学目标时，往往忽略了思政教育。另一方面，虽然也有部分语文教师意识到要把思想政治教育融入教学中，以引导学生的价值观，但因为缺乏相关的思想政治知识体系，他们无法真正有效地将思想政治教育和语文教学有机结合。这种做法会造成课堂教学内容单一和枯燥，学生的参与度和互动性将受到影响，这不仅阻碍了语文学科在培养学生品德、树立学生正确价值观等方面的作用，同时还制约了各专业课与思政课在协同推进学生全面发展方面的深入合作。

（二）大学语文教材思政元素挖掘不够充分

目前，大学阶段的语文课程被划分为选修与必修两大类教材体系。这些教材

中巧妙地融入了诸多思政教育要素，如强调"家国情怀"的培养、塑造"理想信念"的根基、激发"热爱劳动"的情感以及弘扬"民主法治"的价值观等，这对于加强学生思想引领，培养学生爱国情怀，塑造学生健全人格以及促进学生全面发展具有十分重要的价值。然而，目前大部分高校的语文教学普遍存在重学科知识、轻文化内涵的问题。过于注重文学流派、创作理论和手法以及作者思想等方面的讲解，却没有充分探究文本中的思想教育元素，未能有效利用文学作品中的思想教育资源，使教学内容显得过于单调，缺乏多样性和深度。教师在教学中缺乏适当的思想教育理念和知识结构，无法启发教学思维来深入研究文本。还有的教师有一定的思政教育思路，但缺乏足够的知识储备和知识迁移能力，无法将语文课程与思政有效融合，导致课程思政教育的效果并不理想。

（三）大学语文课程思政教学效果不够理想

开展语文课程思政旨在将知识的传授与价值观的引导相结合，不仅提升学生的语文知识储备，同时也助力学生完善人格和升华精神。为了实现这一目标，教师需致力于教学方法的革新与教学内容的精选，以充分激发学生的课堂参与热情，引导他们积极投身于课堂讨论之中。

然而，学生在课堂上的参与度并不理想。在教授古代散文篇目时，教师通常专注于解读教材，解释文言文的含义，特别是对语法结构、句法运用以及字词含义的精确阐释。然而，在结合现实深入剖析人物性格、拓展教学内容方面却显得相对薄弱。同时，课堂教学活动也缺乏能够激发学生自主探究精神和促进师生之间、同学之间交流互动的环节，使课堂教学内容显得单调乏味，缺乏时代感和生动性。这种教学方式不仅难以激发学生对课堂内容的兴趣，也影响了课堂教学的实际效果和学生的学习成效。

此外，语文课对学生的思想政治教育影响不够持久，导致学生在认知和行为上出现脱节的问题。有效的学习应该是将理论知识与实践行动相结合，通过实践促进理论的掌握，从而实现理论与实践的无缝连接。目前，高校在开设思想政治课程时强调将学术教学与思想政治教育相结合，侧重于课堂讲授，却没有足够重视课后实践环节。再加上大学生们学业繁重，没有足够的时间参加课外实践活动。这种情况会造成知行不合，从而影响思想政治教育的效果。

（四）大学语文课程思政与思政课程协同性不强

"课程思政"教育理念强调不同类型的课程与思政理论课融为一体，共同培养学生。在大学语文课程中融入思想政治教育建设，要兼顾语文学科的德育教育功能，同时借鉴大学思政理论课的教学经验。然而，在将思想政治教育融入现实语文课程的过程中，我们面临着一个问题，即大学语文课程与专门的思政课程在协同配合方面存在明显的不足。

首先，教师的协同育人观念亟待加强。鉴于有些教师对思想政治教育的重要性理解不够，以及对语文课的目标有偏差，导致在教授语文课程时缺乏思想政治教育的元素，或者是过度强调思想政治在语文课程中的重要性，这种情况会严重影响大学语文课程和思想政治课程在培养学生方面的配合效果。

其次，在推进大学语文课程思政建设的过程中，教师的协同育人能力尚待提升。具体表现为其思政知识储备和课程思政教学实践经验都不够丰富。此外，大学各学科之间尚未建立稳固的沟通机制，加之各自教学任务繁重，使语文教师与思政教师之间的交流机会有限，这在一定程度上阻碍了双方经验的分享和育人能力的进一步提升。

最后，大学语文课程思政与思政课程在教学内容和教学重点上存在差异。对语文课程思政来说，语文教师通常会将思政教育巧妙地融入具体的课文内容和教学情境中，但内容的组织尚显零散，缺乏系统性和整体性；大学思政课程的核心任务则在于对学生进行系统的思想政治理论教育，通过科学系统的课程设计，帮助学生形成全面扎实的思想政治理论基础。二者的差异在一定程度上影响了课程思政与思政课程协同育人的效果。

二、大学语文课程思政教学问题的根源

大学语文的学科特点既强调人文性又注重实用性。语文学科在推进课程思政建设中拥有得天独厚的优势。凭借其深厚的人文内涵，语文学科为价值观和思想的建设创造了有利条件，营造了适宜的教育环境。同时，语文作为一门实用性学科，在传授知识、培养能力等方面发挥着不可或缺的作用，为课程思政建设提供了有力的支撑。然而，目前大学在学科思政建设方面仍存在诸多亟待改进之处，包括经验相对匮乏、学校素质教育理念未深入人心；教师对于课程思政的认知尚

需加强；语文课堂教学中创新意识薄弱以及顶层设计有待完善等，这些问题均对学科思政建设产生了不利影响。为了推动大学思政教育的持续发展，我们必须正视这些问题，并采取有效措施加以改进。

（一）教师对思政教育重要性认识不充分

思想政治教育是我国意识形态工作的重要组成部分，其核心在于通过对广大民众进行思想引领和道德熏陶，将社会主流价值观和道德规范内化为个体的思想自觉和行为准则。这一工作不仅关系党和国家意识形态安全的根本大计，更是构筑全社会共同精神家园、引领人民坚定正确政治方向的关键所在。

加强思想政治教育不仅是实现价值引领的关键环节，更是培养德才兼备、具有高尚品格的社会主义建设者和接班人的重要保障。目前，部分大学语文教师还是不能深刻地理解思想政治教育的重要性。他们片面地认为语文教育的核心在于提升学生的语文学科素养，而将思想政治教育的责任完全推给思政课和德育课教师，忽视了语文教育与思政教育之间的紧密联系。更为严重的是，有教师担忧在语文授课中融入思政教育元素会干扰教学效果，使课堂变得过于说教化，缺乏实质性的教育意义。所以，在教学实践的过程中，他们未能将思政教育与语文教育有机地结合起来，导致无法实现学术性和政治性的结合。这种形式的语文课程主要侧重对关键词汇、句法结构、人物描写和故事情节的深入分析，但在审视作品的价值观和人物性格方面，只限于浅显的教材内容，缺乏与当代社会背景和现实素材的结合拓展。同时，也未能从思政教育的角度深入探讨，导致语文和思政教育之间出现脱节的情况。

（二）教师思政知识储备不足、结构单一

目前，我国大学语文教师队伍主要由师范类或其他高校文学、教育学专业的毕业生构成，他们普遍拥有扎实的学科知识和丰富的教学经验。然而，在思政教育方面，他们仍面临着一些亟待解决的问题。

首先，有些教师对马克思主义经典著作的研读程度不够，甚至未曾涉足。这导致他们在讲授理论性较强的课程内容时，难以深入阐释抽象理论，致使学生只得到片面的理解。同时，这些教师也难以从其他课文中提炼出马克思主义的观点和方法。

其次，部分教师对中国特色社会主义思想的理解尚显不足。新时代的教育工

作明确要求运用这一思想进行铸魂育人,但由于对这些思想缺乏深刻认识,这些教师在授课过程中难以准确提炼出中心思想。

最后,许多教师对思想政治教育内容的掌握不够系统。他们未能全面把握思想政治教育的主要任务和原则,对教材中思政资源的挖掘缺乏系统性。这在一定程度上影响了实际课程思政的教育效果。

(三)语文课堂教学缺乏创新

在大学语文课程的教学实践中,传统的教学方法往往侧重于知识的传递与阐释,而对于课程思政的融入,缺乏深入的价值分析和引导。以《钓鱼的医生》为例,该文本应着重展现医生高尚的职业道德和无私奉献的精神风貌,但在实际教学中,教学重点往往偏离了这一主题,更多地关注于文章的文风和创作手法。

在阐释"为什么"这一层面时,案例的结合往往显得生硬,缺乏生动性和感染力,导致学生难以产生情感共鸣。因此,我们需要紧密结合当前时代的发展背景,通过古今对比的方式,引导学生深入理解人物形象,增强其对中华民族优秀传统文化的认同感和自豪感。

此外,在课堂教学过程中,对于引导学生"怎么做"这一层面,教学内容往往显得不够具体和明确。这就要求教师不仅要言传,更要身教,通过自身的言行举止,为学生树立良好的榜样,实现真正的立德树人教育目标。

(四)大学语文思政课程顶层设计不完善

为了深化大学育人工作,我们必须促进课程思政与思政课程之间的协同作用,充分整合教育资源,以构建多层次的育人模式。然而,当前协同育人的顶层设计尚未完善,这在一定程度上制约了语文与思政课程之间的协同效果。

一方面,由于学科专业的划分,教育的完整性在某种程度上被割裂。德育和智育被分别划归为思政课程和专业课程的任务。思想政治教育课肩负着培养学生道德品质的使命,而专业课则致力于培养学生的智力能力。在基础教育阶段和专业课程中,我们过多强调知识的传授,而未充分关注价值引导。然而,在所有教学阶段和活动中,知识、能力和价值应该被整合在一起。所以目前这种顶层设计不利于将各学科与思政教育有机地结合起来。

另一方面,学科之间的思政教育资源整合尚未达到理想状态,导致横向沟通存在障碍。语文学科具有深厚的人文性，教材中蕴含着丰富的文化资源，我们需要深入挖掘其中的思政元素，以充分发挥语文学科在文化育人方面的作用。同时，思政课程作为主渠道，承担着系统开展以马克思主义理论为指导的思政教育任务，这种教育方式直接而且内容丰富。在实际教学过程中，如何平衡各学科的教育目标，确保它们之间相互配合、无缝衔接，这是一个具有挑战性的问题。由于学科之间的差异，语文课程思政与思政课程的教育内容存在差异，资源整合力度不足，教学经验的参考价值受限，而且缺乏有效的交流协作机制，这对各学科之间交流分享思政资源和教学经验造成了不利影响。

第三节 大学语文课程思政教学优化策略

教育是新时代党和国家计划中的重中之重，高校更是肩负着伟大的育人使命，由此，更应该正确认识课程思政理念对新时代立德树人的重要意义。大学语文课程思政教学改革正是新时代培养社会主义建设者和接班人的重要实践探索。因此，针对大学语文课程思政建设中存在的问题和相关的原因，主要从教学目标、教学内容、教师队伍、教学评价、长效机制、线上课堂六个层面提出相关思考，以期促进大学语文课程思政教学改革的进一步完善。

一、教学目标融入思政要求

大学语文开展课程思政教学改革的时间尚短，教学大纲未能完全参考2020年教育部印发的《纲要》中对文学类课程和公共基础课程的要求进行更新，有待于在实践中进一步发展。而传统的教学大纲设计中，教学目标的开展主要围绕了三个维度，即"知识与技能""过程与方法""情感态度与价值观"，下面从原有的三个维度出发，提出不同维度中突出思政要求的相关建议。

（一）"知识与技能"维度

"知识与技能"层面体现的思政要求主要有两方面。一方面，在知识传授中加强大学语文中包含的思政资源比例。例如，柯灵《乡土情结》中，要着重强调作者在散文中引用了大量的思乡古诗，描写出在家国动荡时对祖国的深情眷恋，以及体现出作者深谙中华优秀传统文化等内容。因为这些内容是课程思政资源的重点内容，加强在《乡土情结》知识传授中的讲解，有助于增加思政内容的占比，满足思政要求。另一方面，在提升语文能力中引导学生树立文化自信。例如，《乡土情结》中有很多生僻字：侘傺"（chàchì）：表示失意的样子；蕞尔（zuì ěr）：形容小，多指地区小"等等，这些生僻字的掌握，有助于学生提升语文能力，读懂文章。在此过程中可以对文字背后的历史沉淀进行引申，在提升语文能力的同时能够帮助学生感受中华文化的博大精深，树立文化自信。

（二）"过程与方法"维度

在"过程与方法"层面落实思政要求，关键在于突出两个重点。

首先，要动态监控教学过程中的思政目标，精准把握课程思政的切入点。以史铁生的《我与地坛》为例，这一课主要围绕作者的个人经历展开。在教学过程中，应紧密跟随作者的足迹，始终坚守课程思政的核心理念，全程贯穿思政元素。同时，深入挖掘文中"我"在双腿残废后依然坚持探访荒芜古园、感悟生命坚韧的精神，以及母亲去世后"我"的情感变化，引导大学生珍惜亲情、关爱家人。在适当的教学时机，融入思政引导，充分发挥文本的感染力，使学生深刻领会到家庭美德以及勇敢面对挫折的积极健康思政内容。

其次，要创新课堂教学方法，以隐性方式体现思政要求。教师可以综合运用多种教学方法，将思想政治教育巧妙融入课堂。以《钓鱼的医生》为例，可以采用对分课堂的教学模式，让学生在教师的引导下感受汪曾祺独特的写作风格，以及让他们自主独立学习文章内容，并通过小组讨论、交流启发思维，最终进行总结。这种教学方式既保证了教师的引导作用，又给予了学生独立思考和学习的空间，有助于提升学生的自我学习能力。在讨论环节，学生可以拓展思维，与教师和同学进行深入的交流碰撞，形成积极健康的交流氛围。这种开放的教学氛围有助于学生与教师建立和谐的人际关系，对课程内容的理解也将更加深刻。

（三）"情感态度与价值观"维度

情感态度是学生在学习大学语文过程中，对所学知识产生的情感反应，以及在此基础上形成的对事物的价值取向。教师在教授过程中，应深入贯彻"情感态度与价值观"的教育理念，主要体现在以下两个方面。

首先，教师应积极引导学生培养爱国主义等高尚情感，促进学生形成与社会发展相适应的正确价值观。例如，在教授何光沪的《怀大爱心，做小事情》一文时，文中描述了特蕾莎修女虽身处贫困，却无私地将一生奉献给了需要关爱的群体，这种伟大的人道主义精神，值得我们的敬仰和学习。教师应通过文中的动人事迹，激发学生的学习兴趣，并引导学生深入思考，理解并尊重这种高尚情操。同时，教师还应适时地引导学生对丑恶行径产生厌恶感，对充满良知的人产生同情心，从而培养学生的社会责任感和积极向上的精神面貌。

其次，教师还应积极引导学生形成正确的价值观和积极向上的人生态度。例如，在教授明末时期夏完淳的《狱中母上书》一文时，教师应引导学生深入理解夏完淳在抗清斗争被捕入狱后的坚定信念和视死如归的精神，让学生体会到以身许国的民族英雄是多么值得崇敬和纪念。同时，教师还应借此机会激发学生对祖国的热爱之情，对历史的敬畏之心。这样的教学内容不仅体现了大学语文的人文性，而且与课程思政的"立德树人"目标高度一致，使教师在融入思政内容时更具优势。因此，教师应充分发挥文章的情感渲染力，从多个角度把握"情感态度价值观"的思政方向，为培养学生的全面发展作出积极贡献。

在推进"大思政"格局建设的背景下，大学语文课程思政建设应紧扣课程主题，牢牢把握课程目标设置的三个维度，明确并凸显思想政治教育的核心要求。唯有如此，才能在大学语文课程建设中坚守正确的政治方向，丰富课程的思想内涵，实现课程的全面升华。

二、深挖教学内容思政元素

大学语文教材内容既包含中华文化，又包含世界优秀文化，做到了既扎根中华民族优秀的文化精髓，又汲取世界文化之长。在徐中玉主编的大学语文（第11版）中，大学语文课程内容经过不断地更新与完善，划分了12个单元主题，并另外增加了4个语文例话。在整体上呈现出中国固有的人文传统与现代思想相贯通的理解。面对当下大学语文教学资源丰富却挖掘不充分，与思政结合度有待提升的主要问题，主要从以下两点促进大学语文教学内容中思政元素的进一步挖掘。

（一）以系统论开发大学语文课程思政资源

为了深入挖掘大学语文课程中蕴含的思政教育资源，我们应当运用系统论的方法进行处理。首先，我们要运用系统论的原理，科学整合并高效利用大学语文课程内的思政教育资源。系统论的核心思想在于以全局性的视野去审视、研究和分析对象的内在结构与功能，以及各个组成要素之间的关系。大学语文课程本身就蕴含着丰富的思政教育资源，但一直以来，这些资源在呈现上缺乏系统性、目的性和组织性，这在一定程度上影响了思政教育的实际效果。因此，我们必须将大学语文课程与思政教育建设的核心要点紧密结合起来，从系统的角度出发，对大学语文资源进行科学整合，以克服当前思政教育资源丰富但难以有序、有效分析整理的难题，从而推动大学语文课程思政建设向更高水平发展。

其次，其他学科、其他高校在课程思政建设方面的经验也是我们的宝贵财富。通过学习和借鉴他们的成功做法，可以避免我们走弯路，提高课程思政建设的效率和效果。例如，我们可以关注那些在课程思政建设方面取得显著实效的高校，深入了解他们的做法和经验，然后结合自身的实际情况进行应用和创新。

（二）有机融合大学语文教材与思政元素

一方面，在大学语文课程思政建设中既要抓住大学语文课程思政建设的契机，促成质的飞跃，又要掌握好融入思政的度，防止"泛思政化。"大学语文课程中拥有很多丰富的资源，需要进一步挖掘这些资源，有条理地进行分析和归纳，不能过于保守，导致错过大学语文教学中的思政契机，造成思政效果不佳，课程思政建设程度不够。

另一方面，要避免不合时宜的思政元素强融，导致思想政治教育流于表面、内容融合生硬、缺乏重点设置，甚至脱离大学语文知识体系。在教学中，要避免将思政元素直白灌输，让学生产生抵触心理，造成教育效果不佳的情况。例如，在大学语文教材中，《齐桓晋文之事》《赵威后问齐使》《原君》《室语》中都包含着丰富的仁爱道德教育，对于思政主题的选择要充分挖掘其中关于仁者之心的要素，引导学生培养善良的品行以及崇高的道德修养；而在《归去来兮辞·并序》《故园之恋》《祖国土》《听听那冷雨》中则包含着爱家、爱国之情，在挖掘其中思想政治教育资源时，就要着重强调其中的爱国主义情怀，引导学生培养政治认同、家国情怀。在大学语文课程思政建设的过程中，需要根据课程思政理念建设的重点内容来进行课程优化，思政内容的融入要与文章的内涵有机契合，但不能进行强融。

三、提升教师队伍思政水平

王丽等在《高校教师"课程思政"意识与能力现状的调查分析及建议》的调查中得出，当前高校教师的课程思政意识与能力位于中等偏上，但是也有一些教师的素质结构需要进一步改善，教育能力需要进一步提高。而在实际调查中也发现，大学语文作为意识形态突出的人文社科，对思政元素的敏感度较高，思政意识相对较好，具有一定优势。但是当下大学语文教师虽然对课程思政有一定的认识，但难以完全将课程内容中的思政元素进行挖掘、处理以及展现，一定程度上还是因为大学语文教师思政能力有待提升。需要着重加强与马院教师的沟通协作，整合其他学科，发挥学校的各个部门、各个岗位之间的职能，将课程思政理念贯穿其中，形成整体的、综合的育人环境，由此，才能促进大学语文教师与其他岗位教师形成职能互补、优势叠加。

（一）提升语文教师思政教育能力

要推动高校大学语文课程与思政建设的有机结合，首要任务是提升教师的思政教育素养。其一，要巩固大学语文教师的专业理论基础，创新教学方法，强调教师应因材施教，运用分组讨论等教学法，激发学生参与政治和社会议题的讨论热情，鼓励他们积极发表观点，通过互动对话深化思想教育。其二，要增强教师的"发现—转化—渗透"能力，深入挖掘大学语文课程中蕴含的思政价值，将育人理念融入课程教学之中。具体而言，就是要培养教师的思政教育能力，将社会主义核心价值观自然而然地融入教学内容；提升教师的转化能力，将学术资源转化为学生易于接受的教学资源；强化教师的渗透能力，通过经典文学作品潜移默化地影响学生。这些举措有助于大学语文课程与思政课程相互促进，进一步挖掘和发挥大学语文课程的思政作用。

（二）建设语文课程思政教师队伍

我们必须深化大学语文思政课程教师队伍的培育与发展，有效整合和优化育人资源，确保资源共享。各院系应作为实施主体，切实加强教学组织建设，为教师提供充足的教研室、课程组资源，并保障充足的课程经费。同时，选聘一批高水平教授担任关键职务，以引领和推动教学工作的开展。

在教师队伍的建设过程中，选拔和培养是两个核心环节。首先，我们要从大学语文和思政课程教师中精心挑选出那些业务能力强、师德高尚的优秀教师，组建一支具备双重素养（语文素养和思政理论知识）的教学团队。通过实现两门课程之间的信息互通，探索多样化的教学方法，并定期组织交流研讨活动，利用现代信息技术促进教师之间的交流与合作，共同提升教学质量，实现资源共享。

其次，为了不断提升教师的专业素养，我们必须加强教师的在职教育和培训。通过组织定期化的专题培训活动，我们可以帮助教师提升理论水平，深化对"三全育人"教育理念的理解与实践。同时，邀请专家参与课程思政建设，分享宝贵的经验；加强相关课程教师之间的交流合作，确保优质教学资源的共享共用，以推动教学的长期稳定发展。

四、教学评价融入思政要素

大学语文课程评价系统在学院、教师和教学成果的评价中都存在思政标准占比不足的问题。促进大学语文课程思政评价的改善，需要从多个主体出发来促成变化。主要是从高校领导层面、大学语文教师层面、学生层面来促进大学语文课程思政评价制度的完善，充分形成多个反馈角度，加强大学语文课程的改革，进一步增强思政作用。

（一）学校层面

从高校领导层面促进大学语文教学评价中思政要素的完善。习近平总书记说过，关于师德师风的建设工作，既要有严格制度规定，又要有日常教育督导。高校领导在大学语文课程建设的现状中承担主要的责任。这是由于课程思政教学改革是一个多维立体的结构，大学语文课程思政教学改革需要发挥高校领导的作用，需要高校领导切实通过课程的评价反馈制度，促进课程思政理念的贯彻落实，通过听课评课的方式对教师在教学目标设置、在课程内部的资源挖掘、在课程思政理念的效力发挥等多个方面提出问题与要求，才能够从第三视角帮助大学语文课程思政建设发现自身存在的问题，并且提出相关的建议，对课程进行更新与完善。其中学校领导对大学语文课程思政建设的评价需要从以下两方面进行。一方面，加强教学绩效考核中思政标准的占比程度。在专业考核、教学评估时重点考核大学语文是否贯彻课程思政理念，在多大程度上发挥了思政效力，大学语文课程思政建设的效果如何,以及教师是否在课程思政建设中充分挖掘思政内容。另一方面,要对大学语文教师的思政能力、思政意识等多个方面进行综合的考量,在教师岗位考核和评优评先奖励考核的项目中,也要将教师参与课程思政建设的情况考核其中,以便于大学语文教师得到充分的反馈,加强课程思政理念建设。

(二)教师层面

从大学语文教师层面促进大学语文教学评价中思政要素的完善。教师是教育工作的中坚力量。有高质量的教师,才会有高质量的教育。大学语文教师对于课程教学而言是主要的负责人,大学语文课程思政建设要从课程评价层面来增强思政作用。首先,需要大学语文教师对自己的教学工作进行自评,对于课程内容资源的挖掘,对于课程内容与思政元素的融合程度,以及是否充分运用多种方法达到了有效的、系统的思政效果。通过自纠发现课程建设的主要问题,形成发现问题、解决问题的良性循环,切实发现课程中需要加强思政作用的部分。其次,大学语文教师要在课程的考核环节中设置明确的、系统的方式,以便有计划地增加思政项目的考核,在课程的最终考核环节促进学生关注课程内的诸多思政内涵。最后,大学语文教师、思政教师之间要形成良性互动,邀请思政教师听课、评课,并且提出建设性意见,在互评中促进学习交流,包括听课、座谈、研讨等方式,积极观察其他教师对大学语文课程思政的内容挖掘、教学实践等方面的现状,通过思政教师的建议来弥补大学语文教师在思政专业上的不足,以此进一步进行问题的修改。

(三)学生层面

从学生层面促进大学语文教学评价中思政要素的完善。思想政治教育是完全围绕学生展开的,在这种关系中,需要优先考虑学生的需求,重视学生对课程体验的反馈,才能了解到大学语文课程思政建设的效果如何,因此应以学生为主体来加强大学语文课程思政作用,例如,可以通过在教学评价环节中增加相关问题,听取学生关于大学语文课程教学效果的感受,以及对大学语文课程改革的想法与建议等来加强大学语文课程思政作用。

五、建立保障机制、激励体系

行之有效的保障措施与完善的激励体系是缓解教师教学压力、激发其内生动力的关键。由于教师承受着较大的教学压力，在语文教学中开展课程思政的动力不足，以至于将课程思政融入大学语文教学的过程中存在很多问题。因此，在进行顶层设计的过程中，必须考虑到相关保障措施的制订和激励体系的完善。

（一）构建保障机制，提供资源支持

教育部门除了提供一定的制度保障之外，还需要加强课程思政融入大学语文教学的技术保障与经费保障。一方面，各地教育部门可以通过成立课程思政融入大学语文教学专家委员会，为各地学校提供有关课程思政的相关理论知识、实施方法等方面的技术指导，保障各学校、各教师能够快速了解课程思政融入大学语文教学的有效方法。另一方面，教育部门可以统筹规划教育资金或成立课程思政融入大学语文教学的专项资金，加大课程思政融入大学语文教学的投资力度，保障学校有能力购买相关教学设备、聘请课程思政专家进行指导等，避免各学校因资金问题而不能开展课程思政教学。

（二）构建激励体系，激励教师教研

在心理学领域，激励是指持续激发人的动机的心理过程，在管理学领域则是指调动组织中员工的积极性，基于两个不同领域分别形成了行为主义激励理论和"经济人假设"下的激励约束理论。因此，可以将物质激励和精神激励作为课程思政融入大学语文教学的激励体系。关于精神激励，学校管理者可以通过创造有利的环境，利用榜样激励，引导教师向优秀课程思政践行者学习；利用行为激励，认可并赞赏语文教师开展课程思政的行为；利用荣誉激励，形成校内外重视课程思政融入大学语文教学的氛围，增强教师的价值、荣誉感和被尊重感；利用目标激励，引导教师不断追求"自我实现"的目标，从而激发其为实现目标而努力的动机。关于物质激励，"思想"一旦离开"利益"，就一定会使自己出丑，所以物质激励是课程思政融入大学语文教学的必不可少的激励方式，只有精神激励与物质激励共同存在才能发挥激励的最大功效。因此，学校可以通过物质激励提高教师的积极性，例如：在绩效考核时可适当提高课程思政教学考核的比重，提高课程思政融入大学语文教学的津贴，资助教师开展课程思政融入大学语文教学的相关研究。

参考文献

[1] 邱欣.大学语文教育视域下的文学素养培养[M].长春：吉林出版集团股份有限公司，2022.

[2] 毛华中.大学语文教学实践的多视角研究[M].长春：吉林人民出版社，2022.

[3] 薛国栋.大学语文教育改革研究[M].长春：吉林大学出版社，2018.

[4] 何黎黎.大学语文教学方法的改革[M].长春：吉林文史出版社，2017.

[5] 李川川.信息时代背景下大学语文教育研究[M].北京：中国大地出版社，2020.

[6] 倪勤丰.基于职业汉语能力培养的大学语文教育路径研究[M].北京：北京工业大学出版社，2018.

[7] 陈先云.语文教育问题与改革[M].天津：天津教育出版社，2020.

[8] 顾振彪.中国语文教育研究丛书语文教材改革研究[M].南宁：广西教育出版社，2021.

[9] 张玲.网络语言与高校语文教学研究[M].南京：江苏凤凰美术出版社，2018.

[10] 孙娟娟.大学语文教学改革理论与实践研究[M].北京：中国商务出版社，2019.

[11] 李媛.中华优秀传统文化融入大学语文课程教学的路径探析[J].汉字文化，2023，（18）：31-33.

[12] 夏艳霞，张宪华.大学语文课程深植爱国主义教育研究[J].绥化学院学报，2023，43（09）：2+161.

[13] 崔光勋.关于"大学语文"课程教学改革的调研报告[J].太原城市职业技术学院学报，2023，（07）：83-85.

[14] 王俊.现代大学语文教育的文化传承与创新[J].文化学刊，2023，（06）：165-168.

[15] 岳晓岚.课程思政背景下大学语文教学与改革策略分析[J].品位·经典，

2023，（10）：146-148.

[16] 徐江南，杨倩."大学语文与传统文化"课程信息化教学研究[J].淮北职业技术学院学报，2023，22（02）：73-76.

[17] 刘拎拎."互联网+"时代下大学语文教学模式探索[J].大学，2023，(11)：85-88.

[18] 郎秀娟，臧海运."大语文"教学中不可忽视的"小策略"[J].语文建设，2022，（09）：78-80.

[19] 田桂丞，陈树."课程思政"视域下"大学语文"教学改革探索[J].淮北职业技术学院学报，2021，20（05）：54-58.

[20] 侯丹.大学语文教学改革初探[J].吉林广播电视大学学报，2020，(11)：149-150.

[21] 张鹤.现代语文课程性质研究[D].长春：吉林大学，2022.

[22] 许颜.高职院校大学语文课堂教学现状调查研究[D].乌鲁木齐：新疆师范大学，2022.

[23] 韦益.高职院校大学语文课程培育文化自信的路径研究[D].南宁：南宁师范大学，2021.

[24] 李婷.高职大学语文在通识教育中的定位及教学实践[D].武汉：华中师范大学.2021.

[25] 冯杨.现代大学国文教学理论研究[D].长春：吉林大学，2019.

[26] 文智辉.深度学习理念导向下大学语文翻转课堂设计与实践[D].长沙：湖南师范大学，2018.

[27] 庄翠霞.提升应用型本科院校学生职业能力的大学语文教学研究[D].福州：福建师范大学，2018.

[28] 白玉红.高职大学语文"活力课堂"构建研究[D].哈尔滨：哈尔滨师范大学.2018.

[29] 谭军.关联主义视角下高职院校《大学语文》课程有效教学研究[D].重庆：重庆师范大学.2018.

[30] 常建宝.微课在大学语文课程教学中的应用研究[D].桂林：广西师范大学，2016.